Theodor Storm: Der Schimmelreiter

Text 5

Anhang 131

1. Zur Biografie des Autors

Markus Felder: Theodor Storm – Kurzbiografie 131

2. Zum sachlichen Hintergrund der Novelle

Reimer Kay Holander: Wer war der Schimmelreiter? 135

Winfried Freund: Realisierte Fiktion – Die Schauplätze der Novelle ... 149

3. Die Quelle

Der Gespenstige Reiter. Ein Reiseabenteuer 155

4. Zur Entstehung der Novelle

Winfried Freund: Der Schreibprozess 1885 bis 1888 160

5. Zum Novellenbegriff

Theodor Storm: Eine zurückgezogene Vorrede aus dem Jahre 1881 166

Lexikonauszug 168

6. Eine Charakterisierung verfassen – Tipps und Techniken 170

Zu den Worterklärungen

Die Wortbedeutungen wurden nach folgenden Werken überprüft:

Deutsches Wörterbuch von Jacob und Wilhelm Grimm. Leipzig 1854-1954. (Hinweis: DW)
Schleswig-Holsteinisches Wörterbuch. Hrsg.: Otto Mensing. Neumünster 1927-1954. (Hinweis: M.)

Im Einzelfall wird auf folgende Werke verwiesen:

Duden: Das große Wörterbuch der deutschen Sprache. Hrsg. von Günther Drosdowski. Mannheim/ Wien/ Zürich 1976-1981. (Hinweis: Duden)
Lutz Röhrich: Lexikon der sprichwörtlichen Redensart. 2. Auflage. Freiburg 1991. (Hinweis: Röhrich)
Trübners deutsches Wörterbuch. Hrsg. von A. Götze und W. Mitzka. Berlin 1939-1957. (Hinweis: Trübner)

Storms Erklärungen „Für binnenländische Leser" wurden alle aufgenommen und durch (S.) gekennzeichnet.

Bei erwähnten Tier– und Pflanzenbezeichnungen wird die wissenschaftliche Nomenklatur angegeben, sodass eine weitere Identifizierung möglich ist.
Wörter, deren Bedeutung sich aus dem Kontext ergibt, werden nicht erklärt.

Die Modernisierung des Textes nach den Regeln der Rechtschreibreform erfolgte auf folgender Grundlage:

Theodor Storms Sämtliche Werke in acht Bänden. Siebenter Band (Seite 252-377). Im Insel-Verlag zu Leipzig 1920.

Was ich zu berichten beabsichtige, ist mir vor reichlich einem halben Jahrhundert im Hause meiner Urgroßmutter, der alten Frau Senator Feddersen[1], kundgeworden, während ich, an ihrem Lehnstuhl sitzend, mich mit dem Lesen eines in blaue Pappe eingebundenen Zeitschriftenheftes beschäftigte; ich vermag mich nicht mehr zu entsinnen, ob von den „Leipziger"[2] oder von „Pappes Hamburger Lesefrüchten"[2]. Noch fühl ich es gleich einem Schauer, wie dabei die linke Hand der über Achtzigjährigen mitunter liebkosend über das Haupthaar ihres Urenkels hinglitt. Sie selbst und jene Zeit sind längst begraben; vergebens auch habe ich seitdem jenen Blättern nachgeforscht, und ich kann daher umso weniger weder die Wahrheit der Tatsachen verbürgen, als, wenn jemand sie bestreiten wollte, dafür aufstehen; nur so viel kann ich versichern, dass ich sie seit jener Zeit, obgleich sie durch keinen äußeren Anlass in mir aufs Neue belebt wurden, niemals aus dem Gedächtnis verloren habe.

Es war im dritten Jahrzehnt unseres Jahrhunderts, an einem Oktobernachmittag – so begann der damalige Erzähler –, als ich bei starkem Unwetter auf einem nordfriesischen Deich entlangritt. Zur Linken hatte ich jetzt schon seit über einer Stunde die öde, bereits von allem Vieh geleerte Marsch[3], zur Rechten, und zwar in unbehaglichster Nähe, das Wattenmeer[4] der Nordsee; zwar sollte man vom Deiche aus auf Halligen[5] und Inseln sehen können; aber ich sah nichts als die gelbgrauen Wellen, die unaufhörlich wie mit Wutgebrüll an den Deich hinaufschlugen und mitunter mich und das Pferd mit schmutzigem Schaum bespritzten; dahinter wüste Dämmerung, die Himmel und Erde nicht unterscheiden ließ;

---

1 Storms Urgroßmutter mütterlicherseits (1741–1829)
2 Titel zweier Zeitschriften der ersten Hälfte des 19. Jh.
3 „dem Meere abgewonnenes Land, dessen Boden der festgewordene Schlick, der Klei, bildet" (S.)
4 „Watten, von der Flut bespülte Schlick- und Sandstrecken an der Nordsee" (S.)
5 „Hallig, kleine unbedeichte Insel" (S.)

denn auch der halbe Mond, der jetzt in der Höhe stand, war meist von treibendem Wolkendunkel überzogen. Es war eiskalt; meine verklommenen Hände konnten kaum den Zügel halten und ich verdachte es nicht den Krähen und Möwen, die sich fortwährend krächzend und gackernd vom Sturm ins Land hineintreiben ließen. Die Nachtdämmerung hatte begonnen und schon konnte ich nicht mehr mit Sicherheit die Hufen meines Pferdes erkennen; keine Menschenseele war mir begegnet, ich hörte nichts als das Geschrei der Vögel, wenn sie mich oder meine treue Stute fast mit den langen Flügeln streiften, und das Toben von Wind und Wasser. Ich leugne nicht, ich wünschte mich mitunter in sicheres Quartier.

Das Wetter dauerte jetzt in den dritten Tag und ich hatte mich schon über Gebühr von einem mir besonders lieben Verwandten auf seinem Hofe halten lassen, den er in einer der nördlicheren Harden[1] besaß. Heute aber ging es nicht länger; ich hatte Geschäfte in der Stadt, die auch jetzt wohl noch ein paar Stunden weit nach Süden vor mir lag, und trotz aller Überredungskünste des Vetters und seiner lieben Frau, trotz der schönen selbst gezogenen Perinette- und Grand-Richard-Äpfel, die noch zu probieren waren, am Nachmittag war ich davongeritten. „Wart nur, bis du ans Meer kommst", hatte er noch an seiner Haustür mir nachgerufen; „du kehrst noch wieder um; dein Zimmer wird dir vorbehalten!"

Und wirklich, einen Augenblick, als eine schwarze Wolkenschicht es pechfinster um mich machte und gleichzeitig die heulenden Böen mich samt meiner Stute vom Deich herabzudrängen suchten, fuhr es mir wohl durch den Kopf: „Sei kein Narr! Kehr um und setz dich zu deinen Freunden ins warme Nest." Dann aber fiel's mir ein, der Weg zurück war wohl noch länger als der nach meinem Reiseziel; und so trabte ich weiter, den Kragen meines Mantels um die Ohren ziehend.

1 „Harde" bezeichnet einen Gerichts- und Verwaltungsbezirk, der im Durchschnitt sechs Kirchspiele umfasste.

Jetzt aber kam auf dem Deiche etwas gegen mich heran; ich hörte nichts; aber immer deutlicher, wenn der halbe Mond ein karges Licht herabließ, glaubte ich, eine dunkle Gestalt zu erkennen, und bald, da sie näher kam, sah ich es, sie saß auf einem Pferde, einem hochbeinigen, hageren Schimmel; ein dunkler Mantel flatterte um ihre Schultern, und im Vorbeifliegen sahen mich zwei brennende Augen aus einem bleichen Antlitz an.

Wer war das? Was wollte der? – Und jetzt fiel mir bei[1], ich hatte keinen Hufschlag, kein Keuchen des Pferdes vernommen; und Ross und Reiter waren doch hart an mir vorbeigefahren!

In Gedanken darüber ritt ich weiter, aber ich hatte nicht lange Zeit zum Denken, schon fuhr es von rückwärts wieder an mir vorbei; mir war, als streifte mich der fliegende Mantel, und die Erscheinung war, wie das erste Mal, lautlos an mir vorübergestoben. Dann sah ich sie fern und ferner vor mir; dann war's, als säh ich plötzlich ihren Schatten an der Binnenseite[2] des Deiches hinuntergehen.

Etwas zögernd ritt ich hinterdrein. Als ich jene Stelle erreicht hatte, sah ich hart am Deich im Kooge[3] unten das Wasser einer großen Wehle blinken – so nennen sie dort die Brüche, welche von den Sturmfluten in das Land gerissen werden und die dann meist als kleine, aber tiefgründige Teiche stehen bleiben.

Das Wasser war, trotz des schützenden Deiches, auffallend unbewegt; der Reiter konnte es nicht getrübt haben; ich sah nichts weiter von ihm. Aber ein anderes sah ich, das ich mit Freuden jetzt begrüßte: Vor mir, von unten aus dem Kooge, schimmerten eine Menge zerstreuter Lichtscheine zu mir herauf; sie schienen aus jenen lang gestreckten friesischen Häusern zu kommen, die vereinzelt auf mehr oder minder hohen Werften[4] lagen; dicht

---

1 fiel mir ein

2 Innenseite

3 „ein durch Eindeichung dem Meere abgewonnener Landbezirk“ (S.)

4 „Werfte, zum Schutze gegen Wassergefahr aufgeworfener Erdhügel in der Marsch, worauf die Gebäude, auch wohl Dörfer liegen“ (S.)

vor mir aber auf halber Höhe des Binnendeiches lag ein großes Haus derselben Art; an der Südseite, rechts von der Haustür, sah ich alle Fenster erleuchtet; dahinter gewahrte ich Menschen und glaubte trotz des Sturmes sie zu hören. Mein Pferd war schon von selbst auf den Weg am Deich hinabgeschritten, der mich vor die Tür des Hauses führte. Ich sah wohl, dass es ein Wirtshaus war; denn vor den Fenstern gewahrte ich die sogenannten „Ricks", das heißt auf zwei Ständern ruhende Balken mit großen eisernen Ringen, zum Anbinden des Viehes und der Pferde, die hier Halt machten.

Ich band das meine an einen derselben und überwies es dann dem Knechte, der mir beim Eintritt in den Flur entgegenkam. „Ist hier Versammlung?", frug ich ihn, da mir jetzt deutlich ein Geräusch von Menschenstimmen und Gläserklirren aus der Stubentür entgegendrang.

„Is wull so wat", entgegnete der Knecht auf Plattdeutsch – und ich erfuhr nachher, dass dieses neben dem Friesischen hier schon seit über hundert Jahren im Schwange gewesen sei –, „Diekgraf[1] und Gevollmächtigten[2] un wecke von de annern Interessenten[3]! Dat is um't hoge Water!"

Als ich eintrat, sah ich etwa ein Dutzend Männer an einem Tische sitzen, der unter den Fenstern entlanglief; eine Punschbowle stand darauf und ein besonders stattlicher Mann schien die Herrschaft über sie zu führen.

Ich grüßte und bat, mich zu ihnen setzen zu dürfen, was bereitwillig gestattet wurde. „Sie halten hier die Wacht!", sagte ich, mich zu jenem Manne wendend, „es ist bös Wetter draußen; die Deiche werden ihre Not haben!"

„Gewiss", erwiderte er; „wir hier an der Ostseite aber glauben, jetzt außer Gefahr zu sein; nur drüben an der andern Seite ist's nicht sicher, die Deiche sind dort meist noch mehr nach altem Muster; unser Hauptdeich

---

1 „Oberbeamter des Deichwesens, der die Aufsicht über alle Deiche des Verbandes führt" (M.)

2 die in Deichangelegenheiten Vollmacht haben

3 „die wegen Landbesitz bei den Deichen interessiert sind" (S.)

ist schon im vorigen Jahrhundert umgelegt. – Uns ist vorhin da draußen kalt geworden, und Ihnen", setzte er hinzu, „wird es ebenso gegangen sein; aber wir müssen hier noch ein paar Stunden aushalten; wir haben sichere Leute draußen, die uns Bericht erstatten." Und ehe ich meine Bestellung bei dem Wirte machen konnte, war schon ein dampfendes Glas mir hingeschoben.
Ich erfuhr bald, dass mein freundlicher Nachbar der Deichgraf sei; wir waren ins Gespräch gekommen und ich hatte begonnen, ihm meine seltsame Begegnung auf dem Deiche zu erzählen. Er wurde aufmerksam und ich bemerkte plötzlich, dass alles Gespräch umher verstummt war. „Der Schimmelreiter!", rief einer aus der Gesellschaft, und eine Bewegung des Erschreckens ging durch die Übrigen.
Der Deichgraf war aufgestanden. „Ihr braucht nicht zu erschrecken", sprach er über den Tisch hin, „das ist nicht bloß für uns; Anno 17 hat es auch denen drüben gegolten; mögen sie auf alles vorgefasst sein!"
Mich wollte nachträglich ein Grauen überlaufen. „Verzeiht!", sprach ich, „was ist mit dem Schimmelreiter?"
Abseits hinter dem Ofen, ein wenig gebückt, saß ein kleiner hagerer Mann in einem abgeschabten schwarzen Röcklein; die eine Schulter schien ein wenig ausgewachsen[1]. Er hatte mit keinem Worte an der Unterhaltung der andern teilgenommen, aber seine bei dem spärlichen grauen Haupthaar noch immer mit dunklen Wimpern besäumten Augen zeigten deutlich, dass er nicht zum Schlaf hier sitze.
Gegen diesen streckte der Deichgraf seine Hand. „Unser Schulmeister", sagte er mit erhobener Stimme, „wird von uns hier Ihnen das am besten erzählen können; freilich nur in seiner Weise und nicht so richtig, wie zu Haus meine alte Wirtschafterin Antje Vollmers es beschaffen würde."
„Ihr scherzet, Deichgraf!", kam die etwas kränkliche Stimme des Schulmeisters hinter dem Ofen hervor,

[1] herausgewachsen, bucklig

„dass Ihr mir Euern dummen Drachen wollt zur Seite stellen!“

„Ja, ja, Schulmeister!“, erwiderte der andere, „aber bei den Drachen sollen derlei Geschichten am besten in Verwahrung sein!“

„Freilich!“, sagte der kleine Herr, „wir sind hierin nicht ganz derselben Meinung“; und ein überlegenes Lächeln glitt über das feine Gesicht.

„Sie sehen wohl“, raunte der Deichgraf mir ins Ohr, „er ist immer noch ein wenig hochmütig; er hat in seiner Jugend einmal Theologie studiert und ist nur einer verfehlten Brautschaft wegen hier in seiner Heimat als Schulmeister behangen geblieben[1].“

Dieser war inzwischen aus seiner Ofenecke hervorgekommen und hatte sich neben mir an den langen Tisch gesetzt. „Erzählt, erzählt nur, Schulmeister“, riefen ein paar der Jüngeren aus der Gesellschaft.

„Nun freilich“, sagte der Alte, sich zu mir wendend, „will ich gern zu Willen sein; aber es ist viel Aberglaube dazwischen und eine Kunst, es ohne diesen zu erzählen.“

„Ich muss Euch bitten, den nicht auszulassen“, erwiderte ich, „traut mir nur zu, dass ich schon selbst die Spreu vom Weizen sondern werde!“

Der Alte sah mich mit verständnisvollem Lächeln an.

„Nun also!“, sagte er. „In der Mitte des vorigen Jahrhunderts, oder vielmehr, um genauer zu bestimmen, vor und nach derselben, gab es hier einen Deichgrafen, der von Deich- und Sielsachen[2] mehr verstand, als Bauern und Hofbesitzer sonst zu verstehen pflegen; aber es reichte doch wohl kaum, denn was die studierten Fachleute darüber niedergeschrieben, davon hatte er wenig gelesen; sein Wissen hatte er sich, wenn auch von Kindesbeinen an, nur selber ausgesonnen. Ihr hörtet wohl schon, Herr, die Friesen rechnen gut, und habet auch wohl schon über unsern Hans Mommsen von Fahretoft reden hören, der ein Bauer war und doch Bussolen[3] und

1 wohnen geblieben

2 Siel: Schleuse zur Entwässerung

3 Bussole: Magnetnadel mit Windrose

Seeuhren[1], Teleskopen[2] und Orgeln machen konnte. Nun, ein Stück von solch einem Manne war auch der Vater des nachherigen Deichgrafen gewesen; freilich wohl nur ein kleines. Er hatte ein paar Fennen[3], wo er Raps und Bohnen baute, auch eine Kuh graste, ging unterweilen im Herbst und Frühjahr auch aufs Landmessen und saß im Winter, wenn der Nordwest von draußen kam und an seinen Läden rüttelte, zu ritzen und zu prickeln[4], in seiner Stube. Der Junge saß meist dabei und sah über seine Fibel oder Bibel weg dem Vater zu, wie er maß und berechnete, und grub sich mit der Hand in seinen blonden Haaren. Und eines Abends frug er den Alten, warum denn das, was er eben hingeschrieben hatte, gerade so sein müsse und nicht anders sein könne, und stellte dann eine eigene Meinung darüber auf. Aber der Vater, der darauf nicht zu antworten wusste, schüttelte den Kopf und sprach: „Das kann ich dir nicht sagen; genug, es ist so, und du selber irrst dich. Willst du mehr wissen, so suche morgen aus der Kiste, die auf unserm Boden steht, ein Buch, einer, der Euklid hieß, hat's geschrieben; das wird's dir sagen!"

– Der Junge war tags darauf zum Boden gelaufen und hatte auch bald das Buch gefunden; denn viele Bücher gab es überhaupt nicht in dem Hause; aber der Vater lachte, als er es vor ihn auf den Tisch legte. Es war ein holländischer Euklid[5], und Holländisch, wenngleich es doch halb Deutsch war, verstanden alle beide nicht. „Ja, ja", sagte er, „das Buch ist noch von meinem Vater, der verstand es; ist denn kein deutscher da?" Der Junge, der von wenig Worten war, sah den Vater ruhig an und sagte nur: „Darf ich's behalten? Ein deutscher ist nicht da."

1 Seeuhr: eine genau gehende Uhr, „zum Zweck zuverlässiger Längenbestimmung" (DW)
2 Teleskop: Fernrohr
3 „Fenne, ein durch Gräben eingehegtes Stück Marschland" (S.)
4 zu reißen bzw. zu zeichnen und (mit dem Zirkel) zu stechen
5 holländische Ausgabe von Werken des griech. Mathematikers Euklid (4. bis 3. Jh. v. Chr.)

Und als der Alte nickte, wies er noch ein zweites, halb zerrissenes Büchlein vor. „Auch das?", frug er wieder. „Nimm sie alle beide!", sagte Tede Haien; „sie werden dir nicht viel nützen."

Aber das zweite Buch war eine kleine holländische Grammatik, und da der Winter noch lange nicht vorüber war, so hatte es, als endlich die Stachelbeeren in ihrem Garten wieder blühten, dem Jungen schon so weit geholfen, dass er den Euklid, welcher damals stark im Schwange war, fast überall verstand.

Es ist mir nicht unbekannt, Herr", unterbrach sich der Erzähler, „dass dieser Umstand auch von Hans Mommsen erzählt wird; aber vor dessen Geburt ist hier bei uns schon die Sache von Hauke Haien – so hieß der Knabe – berichtet worden. Ihr wisset auch wohl, es braucht nur einmal ein Größerer zu kommen, so wird ihm alles aufgeladen, was in Ernst oder Schimpf[1] seine Vorgänger einst mögen verübt haben.

Als der Alte sah, dass der Junge weder für Kühe noch Schafe Sinn hatte und kaum gewahrte, wenn die Bohnen blühten, was doch die Freude von jedem Marschmann ist, und weiterhin bedachte, dass die kleine Stelle wohl mit einem Bauer und einem Jungen, aber nicht mit einem Halbgelehrten und einem Knecht bestehen könne, ingleichen[2], dass er auch selber nicht auf einen grünen Zweig gekommen sei, so schickte er seinen großen Jungen an den Deich, wo er mit andern Arbeitern von Ostern bis Martini[3] Erde karren musste. „Das wird ihn vom Euklid kurieren", sprach er bei sich selber.

Und der Junge karrte; aber den Euklid hatte er allzeit in der Tasche, und wenn die Arbeiter ihr Frühstück oder Vesper aßen, saß er auf seinem umgestülpten Schubkarren mit dem Buche in der Hand. Und wenn im Herbst die Fluten höher stiegen und manch ein Mal die Arbeit eingestellt werden musste, dann ging er nicht mit den andern nach Haus, sondern blieb, die Hände über die

---

1 Scherz
2 in gleicher Weise
3 11. November

Knie gefaltet, an der abfallenden Seeseite des Deiches sitzen und sah stundenlang zu, wie die trüben Nordseewellen immer höher an die Grasnarbe des Deiches hinaufschlugen; erst wenn ihm die Füße überspült waren und der Schaum ihm ins Gesicht spritzte, rückte er ein paar Fuß höher und blieb dann wieder sitzen.
Er hörte weder das Klatschen des Wassers noch das Geschrei der Möwen und Strandvögel, die um oder über ihm flogen und ihn fast mit ihren Flügeln streiften, mit den schwarzen Augen in die seinen blitzend; er sah auch nicht, wie vor ihm über die weite, wilde Wasserwüste sich die Nacht ausbreitete; was er allein hier sah, war der brandende Saum des Wassers, der, als die Flut stand, mit hartem Schlage immer wieder dieselbe Stelle traf und vor seinen Augen die Grasnarbe des steilen Deiches auswusch.
Nach langem Hinstarren nickte er wohl langsam mit dem Kopfe oder zeichnete, ohne aufzusehen, mit der Hand eine weiche Linie in die Luft, als ob er dem Deiche damit einen sanfteren Abfall geben wollte. Wurde es so dunkel, dass alle Erdendinge vor seinen Augen verschwanden und nur die Flut ihm in die Ohren donnerte, dann stand er auf und trabte halb durchnässt nach Hause.
Als er so eines Abends zu seinem Vater in die Stube trat, der an seinen Messgeräten putzte, fuhr dieser auf: „Was treibst du draußen? Du hättest ja versaufen können; die Wasser beißen heute in den Deich.“
Hauke sah ihn trotzig an.
– „Hörst du mich nicht? Ich sag, du hättst versaufen können.“
„Ja“, sagte Hauke, „ich bin doch nicht versoffen!“
„Nein“, erwiderte nach einer Weile der Alte und sah ihm wie abwesend ins Gesicht – „diesmal noch nicht.“
„Aber“, sagte Hauke wieder, „unsere Deiche sind nichts wert!“

– „Was für was, Junge?“

„Die Deiche, sag ich!“

– „Was sind die Deiche?“

„Sie taugen nichts, Vater!“, erwiderte Hauke.

Der Alte lachte ihm ins Gesicht. „Was denn, Junge? Du bist wohl das Wunderkind aus Lübeck![1]“
Aber der Junge ließ sich nicht irren. „Die Wasserseite ist zu steil“, sagte er; „wenn es einmal kommt, wie es mehr als einmal schon gekommen ist, so können wir hier auch hinterm Deich ersaufen!“
Der Alte holte seinen Kautabak aus der Tasche, drehte einen Schrot[2] ab und schob ihn hinter die Zähne. „Und wie viel Karren hast zu heut geschoben?“, frug er ärgerlich; denn er sah wohl, dass auch die Deicharbeit bei dem Jungen die Denkarbeit nicht hatte vertreiben können.
„Weiß nicht, Vater“, sagte dieser, „so, was die andern machten; vielleicht ein halbes Dutzend mehr; aber – die Deiche müssen anders werden!“
„Nun“, meinte der Alte und stieß ein Lachen aus; „du kannst es ja vielleicht zum Deichgraf bringen; dann mach sie anders!“
„Ja, Vater!“, erwiderte der Junge.
Der Alte sah ihn an und schluckte ein paarmal; dann ging er aus der Tür; er wusste nicht, was er dem Jungen antworten sollte.

Auch als zu Ende Oktobers die Deicharbeit vorbei war, blieb der Gang nordwärts nach dem Haff[3] hinaus für Hauke Haien die beste Unterhaltung; den Allerheiligentag, um den herum die Äquinoktialstürme[4] zu tosen pflegen, von dem wir sagen, dass Friesland ihn wohl beklagen mag, erwartete er, wie heut die Kinder das Christfest. Stand eine Springflut[5] bevor, so konnte man sicher sein, er lag trotz Sturm und Wetter weit draußen

---

1 Christian Heinrich Heiniken (1721–1725), der mehrere Sprachen konnte und über Sachwissen verfügte

2 abgebissenes oder abgeschnittenes Stück

3 „das Meer“ (S.)

4 Stürme zur Zeit der Tag- und Nachtgleiche, also zum Beginn des Frühlings oder des Herbstes

5 „Springfluten, die ersten nach Voll- und Neumond eintretenden Fluten“ (S.)

am Deiche mutterseelenallein; und wenn die Möwen gackerten, wenn die Wasser gegen den Deich tobten und beim Zurückrollen ganze Fetzen von der Grasdecke mit ins Meer hinabrissen, dann hätte man Haukes zorniges Lachen hören können. „Ihr könnt nichts Rechtes", schrie er in den Lärm hinaus, „so wie die Menschen auch nichts können!" Und endlich, oft im Finstern, trabte er aus der weiten Öde den Deich entlang nach Hause, bis seine aufgeschossene Gestalt die niedrige Tür unter seines Vaters Rohrdach[1] erreicht hatte und darunter durch in das kleine Zimmer schlüpfte.

Manchmal hatte er eine Faust voll Kleierde[2] mitgebracht; dann setzte er sich neben den Alten, der ihn jetzt gewähren ließ, und knetete bei dem Schein der dünnen Unschlittkerze[3] allerlei Deichmodelle, legte sie in ein flaches Gefäß mit Wasser und suchte darin die Ausspülung der Wellen nachzumachen, oder er nahm seine Schiefertafel und zeichnete darauf das Profil[4] der Deiche nach der Seeseite, wie es nach seiner Meinung sein musste.

Mit denen zu verkehren, die mit ihm auf der Schulbank gesessen hatten, fiel ihm nicht ein; auch schien es, als ob ihnen an dem Träumer nichts gelegen sei. Als es wieder Winter geworden und der Frost hereingebrochen war, wanderte er noch weiter, wohin er früher nie gekommen, auf den Deich hinaus, bis die unabsehbare eisbedeckte Fläche der Watten vor ihm lag.

Im Februar bei dauerndem Frostwetter wurden angetriebene Leichen aufgefunden, draußen am offenen Haff auf den gefrorenen Watten hatten sie gelegen. Ein junges Weib, die dabei gewesen war, als man sie in das Dorf geholt hatte, stand redselig vor dem alten Haien. „Glaubt nicht, dass sie wie Menschen aussahen", rief sie; „nein, wie die Seeteufel![5] So große Köpfe", und sie hielt die

1 Schilfdach
2 fette Tonerde
3 Talgkerze
4 „das Bild des Deiches bei einem Quer- oder Längenschnitt" (S.)
5 Fantasiegebilde

ausgespreizten Hände von Weitem gegeneinander, „gnidderschwarz[1] und blank wie frisch gebacken Brot! Und die Krabben hatten sie angeknabbert; und die Kinder schrien laut, als sie sie sahen!"

Dem alten Haien war so was just nichts Neues. „Sie haben wohl seit November schon in See getrieben!", sagte er gleichmütig.

Hauke stand schweigend daneben; aber sobald er konnte, schlich er sich auf den Deich hinaus; es war nicht zu sagen, wollte er noch nach weiteren Toten suchen, oder zog ihn nur das Grauen, das noch auf den jetzt verlassenen Stellen brüten musste. Er lief weiter und weiter, bis er einsam in der Öde stand, wo nur die Winde über den Deich wehten, wo nichts war als die klagenden Stimmen der großen Vögel, die rasch vorüberschossen; zu seiner Linken die leere weite Marsch, zur anderen Seite der unabsehbare Strand mit seiner jetzt vom Eise schimmernden Fläche der Watten; es war, als liege die ganze Welt in weißem Tod.

Hauke blieb oben auf dem Deiche stehen und seine scharfen Augen schweiften weit umher; aber von Toten war nichts mehr zu sehen; nur wo die unsichtbaren Wattströme sich darunterdrängten, hob und senkte die Eisfläche sich in stromartigen Linien.

Er lief nach Hause; aber an einem der nächsten Abende war er wiederum da draußen. Auf jenen Stellen war jetzt das Eis gespalten; wie Rauchwolken stieg es aus den Rissen, und über das ganze Watt spann sich ein Netz von Dampf und Nebel, das sich seltsam mit der Dämmerung des Abends mischte. Hauke sah mit starren Augen darauf hin; denn in dem Nebel schritten dunkle Gestalten auf und ab, sie schienen ihm so groß wie Menschen. Würdevoll, aber mit seltsamen, erschreckenden Gebärden; mit langen Nasen und Hälsen sah er sie fern an den rauchenden Spalten auf und ab spazieren; plötzlich begannen sie wie Narren unheimlich auf und ab zu springen, die großen über die kleinen und die kleinen gegen die großen; dann breiteten sie sich aus und verloren alle Form.

[1] tiefschwarz, glänzend schwarz

„Was wollen die? Sind es die Geister der Ertrunkenen?“, dachte Hauke. „Hoiho!“, schrie er laut in die Nacht hinaus; aber die draußen kehrten sich nicht an seinen Schrei, sondern trieben ihr wunderliches Wesen fort.

Da kamen ihm die furchtbaren norwegischen Seegespenster in den Sinn, von denen ein alter Kapitän ihm einst erzählt hatte, die statt des Angesichts einen stumpfen Pull[1] von Seegras auf dem Nacken tragen; aber er lief nicht fort, sondern bohrte die Hacken seiner Stiefel fest in den Klei des Deiches und sah starr dem possenhaften Unwesen zu, das in der einfallenden Dämmerung vor seinen Augen fortspielte.

„Seid ihr auch hier bei uns?“, sprach er mit harter Stimme; „ihr sollt mich nicht vertreiben!“

Erst als die Finsternis alles bedeckte, schritt er steifen, langsamen Schrittes heimwärts. Aber hinter ihm drein kam es wie Flügelrauschen und hallendes Geschrei. Er sah nicht um; aber er ging auch nicht schneller und kam erst spät nach Hause; doch niemals soll er seinem Vater oder einem andern davon erzählt haben. Erst viele Jahre später hat er sein blödes Mädchen, womit später der Herrgott ihn belastete, um dieselbe Tages- und Jahreszeit mit sich auf den Deich hinausgenommen, und dasselbe Wesen soll sich derzeit draußen auf den Watten gezeigt haben; aber er hat ihr gesagt, sie solle sich nicht fürchten, das seien nur die Fischreiher und die Krähen[2], die im Nebel so groß und fürchterlich erschienen; die holten sich die Fische aus den offenen Spalten.

Weiß Gott, Herr!“, unterbrach sich der Schulmeister, „es gibt auf Erden allerlei Dinge, die ein ehrlich Christenherz verwirren können; aber der Hauke war weder ein Narr noch ein Dummkopf.“

Da ich nichts erwiderte, wollte er fortfahren; aber unter den übrigen Gästen, die bisher lautlos zugehört hatten, nur mit dichterem Tabaksqualm das niedrige Zimmer füllend, entstand eine plötzliche Bewegung; erst ein-

1 Büschel, Haarschopf
2 Ardea cinerea und Corvus corone bzw. frugilegus

zelne, dann fast alle wandten sich dem Fenster zu. Draußen – man sah es durch die unverhangenen Fenster – trieb der Sturm die Wolken und Licht und Dunkel jagten durcheinander; aber auch mir war es, als hätte ich den hageren Reiter auf seinem Schimmel vorbeisausen gesehen.

„Wart Er ein wenig, Schulmeister!", sagte der Deichgraf leise.

„Ihr braucht Euch nicht zu fürchten, Deichgraf!", erwiderte der kleine Erzähler, „ich habe ihn nicht geschmäht und hab auch dessen keine Ursach"; und er sah mit seinen kleinen, klugen Augen zu ihm auf.

„Ja, ja", meinte der andere, „lass Er Sein Glas nur wieder füllen." Und nachdem das geschehen war und die Zuhörer, meist mit etwas verdutzten Gesichtern, sich wieder zu ihm gewandt hatten, fuhr er in seiner Geschichte fort:

„So für sich, und am liebsten nur mit Wind und Wasser und mit den Bildern der Einsamkeit verkehrend, wuchs Hauke zu einem langen, hageren Burschen auf. Er war schon über ein Jahr lang eingesegnet, da wurde es auf einmal anders mit ihm, und das kam von dem alten weißen Angorakater, welchen der alten Trin' Jans einst ihr später verunglückter Sohn von seiner spanischen Seereise mitgebracht hatte. Trin' wohnte ein gut Stück hinaus auf dem Deiche in einer kleinen Kate[1], und wenn die Alte in ihrem Hause herumarbeitete, so pflegte diese Unform von einem Kater vor der Hautür zu sitzen und in den Sommertag und nach den vorüberfliegenden Kiebitzen[2] hinauszublinzeln. Ging Hauke vorbei, so mauzte der Kater ihn an, und Hauke nickte ihm zu; die beiden wussten, was sie miteinander hatten.

Nun aber war's einmal im Frühjahr, und Hauke lag nach seiner Gewohnheit oft draußen am Deich, schon weiter unten dem Wasser zu, zwischen Strandnelken und dem duftenden Seewermut[3], und ließ sich von der

---

1 kleines Bauernhaus, Hütte
2 Vanellus vanellus
3 Armeria maritima und Artemisia maritima

schon kräftigen Sonne bescheinen. Er hatte sich tags zuvor droben auf der Geest[1] die Taschen voll von Kieseln gesammelt, und als in der Ebbezeit die Watten bloßgelegt waren und die kleinen grauen Strandläufer[2] schreiend darüber hinhuschten, holte er jählings einen Stein hervor und warf ihn nach den Vögeln. Er hatte das von Kindesbeinen an geübt und meistens blieb einer auf dem Schlicke[3] liegen; aber ebenso oft war er dort auch nicht zu holen; Hauke hatte schon daran gedacht, den Kater mitzunehmen und als apportierenden Jagdhund zu dressieren. Aber es gab auch hier und dort feste Stellen oder Sandlager; solchenfalls lief er hinaus und holte sich seine Beute selbst. Saß der Kater bei seiner Rückkehr noch vor der Haustür, dann schrie das Tier vor nicht zu bergender Raubgier so lange, bis Hauke ihm einen der erbeuteten Vögel zuwarf.

Als er heute, seine Jacke auf der Schulter, heimging, trug er nur einen ihm noch unbekannten, aber wie mit bunter Seide und Metall gefiederten Vogel mit nach Hause, und der Kater mauzte wie gewöhnlich, als er ihn kommen sah. Aber Hauke wollte seine Beute – es mag ein Eisvogel[4] gewesen sein – diesmal nicht hergeben und kehrte sich nicht an die Gier des Tieres. „Umschicht![5]", rief er ihm zu, „heute mir, morgen dir; das hier ist kein Katerfressen!" Aber der Kater kam vorsichtigen Schrittes herangeschlichen; Hauke stand und sah ihn an, der Vogel hing an seiner Hand und der Kater blieb mit erhobener Tatze stehen. Doch der Bursche schien seinen Katzenfreund noch nicht so ganz zu kennen; denn während er ihm seinen Rücken zugewandt hatte und eben fürbass wollte, fühlte er mit einem Ruck die Jagdbeute sich entrissen und zugleich schlug eine scharfe Kralle ihm ins Fleisch. Ein Grimm, wie gleichfalls ei-

[1] „das höhere Land im Gegensatz zur Marsch" (S.)
[2] Watvögel aus der Familie Scolopacidae, meist der Gattung Calidris
[3] „der graue Ton des Meerbodens, der bei Ebbe bloßgelegt wird" (S.)
[4] Alcedo atthis
[5] abwechselnd

nes Raubtiers, flog dem jungen Menschen ins Blut; er griff wie rasend um sich und hatte den Räuber schon am Genicke gepackt. Mit der Faust hielt er das mächtige Tier empor und würgte es, dass die Augen ihm aus den rauen Haaren vorquollen, nicht achtend, dass die starken Hintertatzen ihm den Arm zerfleischten. „Hoiho!", schrie er und packte ihn noch fester; „wollen sehen, wer's von uns beiden am längsten aushält!"

Plötzlich fielen die Hinterbeine der großen Katze schlaff herunter, und Hauke ging ein paar Schritte zurück und warf sie gegen die Kate der Alten. Da sie sich nicht rührte, wandte er sich und setzte seinen Weg nach Hause fort.

Aber der Angorakater war das Kleinod seiner Herrin; er war ihr Geselle und das Einzige, was ihr Sohn, der Matrose, ihr nachgelassen hatte, nachdem er hier an der Küste seinen jähen Tod gefunden hatte, da er im Sturm seiner Mutter beim Porrenfangen[1] hatte helfen wollen. Hauke mochte kaum hundert Schritte weiter getan haben, während er mit einem Tuch das Blut aus seinen Wunden auffing, als schon von der Kate her ihm ein Geheul und Zetern in die Ohren gellte. Da wandte er sich und sah davor das alte Weib am Boden liegen; das greise Haar flog ihr im Winde um das rote Kopftuch. „Tot!", rief sie, „tot!", und erhob dräuend ihren mageren Arm gegen ihn: „Du sollst verflucht sein! Du hast ihn totgeschlagen, du nichtsnutziger Strandläufer; du warst nicht wert, ihm seinen Schwanz zu bürsten!" Sie warf sich über das Tier und wischte zärtlich mit ihrer Schürze ihm das Blut fort, das noch aus Nas' und Schnauze rann; dann hob sie aufs Neue an zu zetern.

„Bist du bald fertig?", rief Hauke ihr zu, „dann lass dir sagen: Ich will dir einen Kater schaffen, der mit Maus- und Rattenblut zufrieden ist!"

Darauf ging er, scheinbar auf nichts mehr achtend, fürbass[2]. Aber die tote Katze musste ihm doch im Kopfe Wirrsal machen, denn er ging, als er zu den Häusern ge-

---

1 Porren: Krabben, Garnelen

2 „besser fort", weiter

kommen war, dem seines Vaters und auch den übrigen vorbei und eine weite Strecke noch nach Süden auf dem Deich der Stadt zu.

Inmittelst[1] wanderte auch Trin' Jans auf demselben in der gleichen Richtung; sie trug in einem alten blaukarierten Kissenüberzug eine Last in ihren Armen, die sie sorgsam, als wär's ein Kind, umklammerte; ihr greises Haar flatterte in dem leichten Frühlingswind. „Was schleppt Sie da, Trina?", frug ein Bauer, der ihr entgegenkam. „Mehr als dein Haus und Hof", erwiderte die Alte; dann ging sie eifrig weiter. Als sie dem unten liegenden Hause des alten Haien nahe kam, ging sie den Akt, wie man bei uns die Trift- und Fußwege nennt, die schräg an der Seite des Deiches hinab- oder hinaufführen, zu den Häusern hinunter.

Der alte Tede Haien stand eben vor der Tür und sah ins Wetter. „Na, Trin'!", sagte er, als sie pustend vor ihm stand und ihren Krückstock in die Erde bohrte, „was bringt Sie Neues in Ihrem Sack?"

„Erst lass mich in die Stube, Tede Haien! dann soll Er's sehen!" Und ihre Augen sahen ihn mit seltsamem Funkeln an.

„So komm Sie!", sagte der Alte. Was gingen ihn die Augen des dummen Weibes an.

Und als beide eingetreten waren, fuhr sie fort: „Bring Er den alten Tabakskasten und das Schreibzeug von dem Tisch – was hat Er denn immer zu schreiben? – So; und nun wisch Er ihn sauber ab!"

Und der Alte, der fast neugierig wurde, tat alles, was sie sagte; dann nahm sie den blauen Überzug bei beiden Zipfeln und schüttete daraus den großen Katerleichnam auf den Tisch. „Da hat Er ihn!", rief sie; „Sein Hauke hat ihn totgeschlagen." Hierauf aber begann sie ein bitterliches Weinen; sie streichelte das dicke Fell des toten Tieres, legte ihm die Tatzen zusammen, neigte ihre lange Nase über dessen Kopf und raunte ihm unverständliche Zärtlichkeiten in die Ohren.

[1] inzwischen

Tede Haien sah dem zu. „So“, sagte er; „Hauke hat ihn totgeschlagen?“ Er wusste nicht, was er mit dem heulenden Weibe machen sollte.

Die Alte nickte ihn grimmig an: „Ja, ja; so Gott, das hat er getan!“ Und sie wischte sich mit ihrer von Gicht verkrümmten Hand das Wasser aus den Augen. „Kein Kind, kein Lebigs[1] mehr!“, klagte sie. „Und Er weiß es ja wohl auch, uns Alten, wenn's nach Allerheiligen[2] kommt, frieren abends im Bett die Beine, und statt zu schlafen, hören wir den Nordwest an unseren Fensterläden rappeln. Ich hör's nicht gern, Tede Haien, er kommt daher, wo mein Junge mir im Schlick versank.“

Tede Haien nickte, und die Alte streichelte das Fell ihres toten Katers. „Der aber“, begann sie wieder, „wenn ich winters am Spinnrad saß, dann saß er bei mir und spann auch und sah mich an mit seinen grünen Augen! Und kroch ich, wenn's mir kalt wurde, in mein Bett – es dauerte nicht lang, so sprang er zu mir und legte sich auf meine frierenden Beine, und wir schliefen so warm mitsammen, als hätte ich noch meinen jungen Schatz im Bett!“ Die Alte, als suche sie bei dieser Erinnerung nach Zustimmung, sah den neben ihr am Tische stehenden Alten mit ihren funkelnden Augen an.

Tede Haien aber sagte bedächtig: „Ich weiß Ihr einen Rat, Trin' Jans“, und er ging nach seiner Schatulle und nahm eine Silbermünze aus der Schublade – „Sie sagt, dass Hauke Ihr das Tier vom Leben gebracht hat, und ich weiß, Sie lügt nicht; aber hier ist ein Krontaler von Christian dem Vierten[3]; damit kauf Sie sich ein gegerbtes Lammfell für Ihre kalten Beine! Und wenn unsere Katze nächstens Junge wirft, so mag Sie sich das größte davon aussuchen, das zusammen tut wohl einen altersschwachen Angorakater! Und nun nehm Sie das Vieh und bring Sie es meinethalb an den Racker[4] in der Stadt,

1 Lebendiges
2 1. November
3 Silber- oder Goldmünze mit der Krone dieses Dänenkönigs (1588–1648)
4 Schinder, Abdecker

und halt Sie das Maul, dass es hier auf meinem ehrlichen Tisch gelegen hat!"
Während dieser Rede hatte das Weib schon nach dem Taler gegriffen und ihn in einer kleinen Tasche geborgen, die sie unter ihren Röcken trug; dann stopfte sie den Kater wieder in das Bettbühr[1], wischte mit ihrer Schürze die Blutflecken von dem Tisch und stakte zur Tür hinaus. „Vergiss Er mir nur den jungen Kater nicht!", rief sie noch zurück.
– Eine Weile später, als der alte Haien in dem engen Stüblein auf und ab schritt, trat Hauke herein und warf seinen bunten Vogel auf den Tisch; als er aber auf der weiß gescheuerten Platte den noch kennbaren Blutfleck sah, frug er, wie beiläufig: „Was ist denn das?"
Der Vater blieb stehen: „Das ist Blut, was du hast fließen machen!"
Dem Jungen schoss es doch heiß ins Gesicht: „Ist denn Trin' Jans mit ihrem Kater hier gewesen?"
Der Alte nickte: „Weshalb hast du ihr den totgeschlagen?"
Hauke entblößte seinen blutigen Arm. „Deshalb", sagte er; „er hat mir den Vogel fortgerissen!"
Der Alte sagte nichts hierauf; er begann eine Zeitlang wieder auf und ab zu gehen; dann blieb er vor dem Jungen stehn und sah eine Weile wie abwesend auf ihn hin. „Das mit dem Kater hab ich rein gemacht[2]", sagte er dann; „aber, siehst du, Hauke, die Kate ist hier zu klein; zwei Herren können darauf nicht sitzen – es ist nun Zeit, du musst dir einen Dienst besorgen!"
„Ja, Vater", entgegnete Hauke, „hab dergleichen auch gedacht."
„Warum?", frug der Alte.
– „Ja, man wird grimmig in sich, wenn man's nicht an einem ordentlichen Stück Arbeit auslassen kann."
„So?", sagte der Alte, „und darum hast du den Angorer totgeschlagen? Das könnte leicht noch schlimmer werden!"

---

1 Bettüberzug
2 ins Reine gebracht

– „Er mag wohl recht haben, Vater; aber der Deichgraf hat seinen Kleinknecht[1] fortgejagt; das könnt ich schon verrichten!“

Der Alte begann, wieder auf und ab zu gehen, und spritzte dabei die schwarze Tabaksjauche von sich. „Der Deichgraf ist ein Dummkopf, dumm wie ’ne Saatgans! Er ist nur Deichgraf, weil sein Vater und Großvater es gewesen sind, und wegen seiner neunundzwanzig Fennen. Wenn Martini herankommt und hernach die Deich- und Sielrechnungen abgetan werden müssen, dann füttert er den Schulmeister mit Gansbraten und Met[2] und Weizenkringeln und sitzt dabei und nickt, wenn der mit seiner Feder die Zahlenreihen hinunterläuft, und sagt: ‚Ja, ja, Schulmeister, Gott vergönn’s Ihm! Was kann Er rechnen?‘ Wenn aber einmal der Schulmeister nicht kann oder auch nicht will, dann muss er selber dran und sitzt und schreibt und streicht wieder aus, und der große dumme Kopf wird ihm rot und heiß, und die Augen quellen wie Glaskugeln, als wollte das bisschen Verstand da hinaus.“

Der Junge stand gerade auf vor dem Vater und wunderte sich, was der reden könne; so hatte er’s noch nicht von ihm gehört. „Ja, Gott tröst!“, sagte er, „dumm ist er wohl; aber seine Tochter Elke, die kann rechnen!“

Der Alte sah ihn scharf an. „Ahoi, Hauke“, rief er, „was weißt du von Elke Volkerts?“

– „Nichts, Vater; der Schulmeister hat’s mir nur erzählt.“

Der Alte antwortete nicht darauf; er schob nur bedächtig seinen Tabaksknoten[3] aus einer Backe hinter die andere.

„Und du denkst“, sagte er dann, „du wirst dort auch mitrechnen können.“

„O ja, Vater, das möchte schon gehen“, erwiderte der Sohn, und ein ernstes Zucken lief um seinen Mund.

---

1 in der Hierarchie des Hofes dem Großknecht untergeordnet

2 Honigwein

3 Tabaksklumpen

Der Alte schüttelte den Kopf: „Nun, aber meinethalb; versuch einmal dein Glück!“
„Dank auch, Vater!“, sagte Hauke und stieg zu seiner Schlafstatt auf dem Boden; hier setzte er sich auf die Bettkante und sann, weshalb ihn denn sein Vater um Elke Volkerts angerufen habe. Er kannte sie freilich, das ranke[1] achtzehnjährige Mädchen mit dem bräunlichen schmalen Antlitz und den dunklen Brauen, die über den trotzigen Augen und der schmalen Nase ineinanderliefen; doch hatte er noch kaum ein Wort mit ihr gesprochen; nun, wenn er zu dem alten Tede Volkerts ging, wollte er sie doch besser darauf ansehen, was es mit dem Mädchen auf sich habe. Und gleich jetzt wollte er gehen, damit kein anderer ihm die Stelle abjage; es war ja kaum noch Abend. Und so zog er seine Sonntagsjacke und seine besten Stiefel an und machte sich guten Mutes auf den Weg.
– Das lang gestreckte Haus des Deichgrafen war durch seine hohe Werfte, besonders durch den höchsten Baum des Dorfes, eine gewaltige Esche[2], schon von Weitem sichtbar; der Großvater des jetzigen, der erste Deichgraf des Geschlechtes, hatte in seiner Jugend eine solche osten[3] der Haustür hier gesetzt; aber die beiden ersten Anpflanzungen waren vergangen, und so hatte er an seinem Hochzeitsmorgen diesen dritten Baum gepflanzt, der noch jetzt mit seiner immer mächtiger werdenden Blätterkrone in dem hier unablässigen Winde wie von alten Zeiten rauschte.
Als nach einer Weile der lang aufgeschossene Hauke die hohe Werfte hinaufstieg, welche an den Seiten mit Rüben und Kohl bepflanzt war, sah er droben die Tochter des Hauswirts neben der niedrigen Haustür stehen. Ihr einer etwas hagerer Arm hing schlaff herab, die andere Hand schien im Rücken nach dem Eisenring zu greifen, von denen je einer zu beiden Seiten der Tür in der Mauer war, damit, wer vor das Haus ritt, sein Pferd

[1] schlank
[2] Fraxinus excelsior
[3] östlich

daran befestigen könne. Die Dirne schien von dort ihre Augen über den Deich hinaus nach dem Meer zu haben, wo an dem stillen Abend die Sonne eben in das Wasser hinabsank und zugleich das bräunliche Mädchen mit ihrem letzten Schein vergoldete.

Hauke stieg etwas langsamer an der Werfte hinan und dachte bei sich: „So ist sie nicht so dösig!“ Dann war er oben.

„Guten Abend auch!“, sagte er, zu ihr tretend; „wonach guckst du denn mit deinen großen Augen, Jungfer Elke?“

„Nach dem“, erwiderte sie, „was hier alle Abend vor sich geht, aber hier nicht alle Abend just zu sehen ist.“ Sie ließ den Ring aus der Hand fallen, dass er klingend gegen die Mauer schlug. „Was willst du, Hauke Haien?“, frug sie.

„Was dir hoffentlich nicht zuwider ist“, sagte er. „Dein Vater hat seinen Kleinknecht fortgejagt, da dachte ich bei Euch in Dienst.“

Sie ließ ihre Blicke an ihm hinunterlaufen. „Du bist noch so was schlanterig[1], Hauke!“, sagte sie; „aber uns dienen zwei feste Augen besser als zwei feste Arme!“ Sie sah ihn dabei fast düster an, aber Hauke hielt ihr tapfer stand. „So komm“, fuhr sie fort; „der Wirt[2] ist in der Stube, lass uns hineingehen!“

Am andern Tage trat Tede Haien mit seinem Sohne in das geräumige Zimmer des Deichgrafen; die Wände waren mit glasurten Kacheln bekleidet, auf denen hier ein Schiff mit vollen Segeln oder ein Angler an einem Uferplatz, dort ein Rind, das kauend vor einem Bauernhause lag, den Beschauer vergnügen konnte; unterbrochen war diese dauerhafte Tapete durch ein mächtiges Wandbett mit jetzt zugeschobenen Türen und einen Wandschrank, der durch seine beiden Glastüren allerlei Porzellan- und Silbergeschirr erblicken ließ; neben der Tür zum anstoßenden

---

1 schlotternd, kraftlos
2 Hauswirt, Eigentümer

Pesel[1] war hinter einer Glasscheibe eine holländische Schlaguhr in die Wand gelassen.
Der starke, etwas schlagflüssige[2] Hauswirt saß am Ende des blank gescheuerten Tisches im Lehnstuhl auf seinem bunten Wollenpolster. Er hatte seine Hände über dem Bauch gefaltet und starrte aus seinen runden Augen befriedigt auf das Gerippe einer fetten Ente; Gabel und Messer ruhten vor ihm auf dem Teller.
„Guten Tag, Deichgraf!", sagte Haien und der Angeredete drehte langsam Kopf und Augen zu ihm hin.
„Ihr seid es, Tede?", entgegnete er, und der Stimme war die verzehrte fette Ente anzuhören, „setzt Euch; es ist ein gut Stück von Euch zu mir herüber!"
„Ich komme, Deichgraf", sagte Tede Haien, indem er sich auf die an der Wand entlanglaufende Bank dem andern im Winkel gegenübersetzte. „Ihr habt Verdruss mit Euerem Kleinknecht gehabt und seid mit meinem Jungen einig geworden, ihn an dessen Stelle zu setzen!"
Der Deichgraf nickte: „Ja, ja, Tede; aber – was meint Ihr mit Verdruss? Wir Marschleute haben, Gott tröst uns, was dagegen einzunehmen!" Und er nahm das vor ihm liegende Messer und klopfte wie liebkosend auf das Gerippe der armen Ente. „Das war mein Leibvogel[3]", setzte er, behaglich lachend, hinzu; „sie fraß mir aus der Hand!"
„Ich dachte", sagte der alte Haien, das letzte überhörend, „der Bengel hätte Euch Unheil im Stall gemacht."
„Unheil? Ja, Tede; freilich Unheil genug! Der dicke Mopsbraten hatte die Kälber nicht gebörnt[4]; aber er lag voll getrunken auf dem Heuboden und das Viehzeug schrie die ganze Nacht vor Durst, dass ich bis Mittag nachschlafen musste; dabei kann die Wirtschaft nicht bestehen!"
„Nein, Deichgraf; aber dafür ist keine Gefahr bei meinem Jungen." Hauke stand, die Hände in den Seitenta-

1 „ein für außerordentliche Gelegenheiten bestimmtes Gemach, in den Marschen gewöhnlich neben der Wohnstube" (S.)
2 am Schlagfluss (Schlaganfall oder Apoplexie) leidend
3 Lieblingsvogel
4 getränkt; von „börnen": tränken, zum Brunnen führen

schen, am Türpfosten, hatte den Kopf im Nacken und studierte an den Fensterrähmen ihm gegenüber.

Der Deichgraf hatte die Augen zu ihm gehoben und nickte hinüber: „Nein, nein, Tede"; und er nickte nun auch dem Alten zu; „Euer Hauke wird mir die Nachtruh nicht verstören; der Schulmeister hat's mir schon vordem gesagt, der sitzt lieber vor der Rechentafel als vor einem Glas mit Branntwein."

Hauke hörte nicht auf diesen Zuspruch, denn Elke war in die Stube getreten und nahm mit ihrer leichten Hand die Reste der Speisen von dem Tisch, ihn mit ihren dunkeln Augen flüchtig streifend. Da fielen seine Blicke auch auf sie. „Bei Gott und Jesus", sprach er bei sich selber, „sie sieht auch so nicht dösig aus!"

Das Mädchen war hinausgegangen. „Ihr wisset, Tede", begann der Deichgraf wieder, „unser Herrgott hat mir einen Sohn versagt!"

„Ja, Deichgraf; aber lasst Euch das nicht kränken[1]", entgegnete der andere, „denn im dritten Gliede soll der Familienverstand ja verschleißen; Euer Großvater, das wissen wir noch alle, war einer, der das Land geschützt hat!"

Der Deichgraf, nach einigem Besinnen, sah schier verdutzt aus. „Wie meint Ihr das, Tede Haien?", sagte er und setzte sich in seinem Lehnstuhl auf, „ich bin ja doch im dritten Gliede!"

„Ja, so! Nicht für ungut, Deichgraf; es geht nur so die Rede!" Und der hagere Tede Haien sah den alten Würdenträger mit etwas boshaften Augen an.

Der aber sprach unbekümmert: „Ihr müsst Euch von alten Weibern dergleichen Torheit nicht aufschwatzen lassen, Tede Haien; Ihr kennt nur meine Tochter nicht, die rechnet mich selber dreimal um und um! Ich wollt nur sagen, Euer Hauke wird außer im Felde auch hier in meiner Stube mit Feder oder Rechenstift so manches profitieren können, was ihm nicht schaden wird!"

„Ja, ja, Deichgraf, das wird er; da habt Ihr völlig recht!", sagte der alte Haien und begann dann noch, einige Ver-

---

1 verletzen, verdrießen

günstigungen bei dem Mietkontrakt[1] sich auszubedingen, die abends vorher von seinem Sohne nicht bedacht waren. So sollte dieser außer seinen leinenen Hemden im Herbst auch noch acht Paar wollene Strümpfe als Zugabe seines Lohnes genießen; so wollte er selbst ihn im Frühling acht Tage bei der eigenen Arbeit haben und was dergleichen mehr war. Aber der Deichgraf war zu allem willig; Hauke Haien schien ihm eben der rechte Kleinknecht.

– „Nun, Gott tröst dich, Junge", sagte der Alte, da sie eben das Haus verlassen hatten, „wenn der dir die Welt klarmachen soll!"

Aber Hauke erwiderte ruhig: „Lass Er nur, Vater; es wird schon alles werden."

Und Hauke hatte so unrecht nicht gehabt; die Welt, oder was ihm die Welt bedeutete, wurde ihm klarer, je länger sein Aufenthalt in diesem Hause dauerte; vielleicht umso mehr, je weniger ihm eine überlegene Einsicht zu Hülfe kam und je mehr er auf seine eigene Kraft angewiesen war, mit der er sich von jeher beholfen hatte. Einer freilich war im Hause, für den er nicht der Rechte zu sein schien; das war der Großknecht Ole Peters, ein tüchtiger Arbeiter und ein maulfertiger Geselle. Ihm war der träge, aber dumme und stämmige Kleinknecht von vorhin besser nach seinem Sinn gewesen, dem er ruhig die Tonne Hafer auf den Rücken hatte laden und den er nach Herzenslust hatte herumstoßen können. Dem noch stilleren, aber ihn geistig überragenden Hauke vermochte er in solcher Weise nicht beizukommen; er hatte eine gar zu eigene Art, ihn anzublicken. Trotzdem verstand er es, Arbeiten für ihn auszusuchen, die seinem noch nicht gefesteten Körper hätten gefährlich werden können, und Hauke, wenn der Großknecht sagte: „Da hättest du den dicken Niß nur sehen sollen, dem ging es von der Hand!", fasste nach Kräften an und brachte es, wenn auch mit Mühsal, doch zu Ende. Ein Glück war es für ihn, dass Elke selbst oder durch ihren Vater das meis-

[1] Dienstvertrag

tens abzustellen wusste. Man mag wohl fragen, was mitunter ganz fremde Menschen aneinander bindet; vielleicht – sie waren beide geborene Rechner, und das Mädchen konnte ihren Kameraden in der groben Arbeit nicht verderben sehen.

Der Zwiespalt zwischen Groß- und Kleinknecht wurde auch im Winter nicht besser, als nach Martini die verschiedenen Deichrechnungen zur Revision eingelaufen waren.

Es war an einem Maiabend, aber es war Novemberwetter; von drinnen im Hause hörte man draußen hinterm Deich die Brandung donnern. „He, Hauke", sagte der Hausherr, „komm herein; nun magst du weisen, ob du rechnen kannst!"

„Uns' Weert[1]", entgegnete dieser – denn so nennen hier die Leute ihre Herrschaft –, „ich soll aber erst das Jungvieh füttern!"

„Elke!", rief der Deichgraf, „wo bist du, Elke! – Geh zu Ole und sag ihm, er sollte das Jungvieh füttern; Hauke soll rechnen!"

Und Elke eilte in den Stall und machte dem Großknecht die Bestellung, der eben damit beschäftigt war, das über Tag gebrauchte Pferdegeschirr wieder an seinen Platz zu hängen.

Ole Peters schlug mit einer Trense[2] gegen den Ständer, neben dem er sich beschäftigte, als wolle er sie kurz und klein haben: „Hol der Teufel den verfluchten Schreiberknecht!"

Sie hörte die Worte noch, bevor sie die Stalltür wieder geschlossen hatte.

„Nun?", frug der Alte, als sie in die Stube trat.

„Ole wollte es schon besorgen", sagte die Tochter, ein wenig sich die Lippen beißend, und setzte sich Hauke gegenüber auf einen grob geschnitzten Holzstuhl, wie sie noch derzeit hier an Winterabenden im Hause selbst gemacht wurden. Sie hatte aus einem Schubkasten einen weißen Strumpf mit rotem Vogelmuster genom-

1 Unser Herr bzw. Hauswirt; Anredeform
2 Pferdezaum

men, an dem sie nun weiterstrickte; die langbeinigen Kreaturen darauf mochten Reiher oder Störche bedeuten sollen. Hauke saß ihr gegenüber, in seine Rechnerei vertieft, der Deichgraf selbst ruhte in seinem Lehnstuhl und blinzelte schläfrig nach Haukes Feder; auf dem Tisch brannten, wie immer im Deichgrafenhause, zwei Unschlittkerzen und vor den beiden in Blei gefassten Fenstern waren von außen die Läden vorgeschlagen und von innen zugeschroben[1]; mochte der Wind nun poltern, wie er wollte. Mitunter hob Hauke seinen Kopf von der Arbeit und blickte einen Augenblick nach den Vogelstrümpfen oder nach dem schmalen, ruhigen Gesicht des Mädchens.

Da tat es aus dem Lehnstuhl plötzlich einen lauten Schnarcher, und ein Blick und ein Lächeln flog zwischen den beiden jungen Menschen hin und wider; dann folgte allmählich ein ruhigeres Atmen; man konnte wohl ein wenig plaudern; Hauke wusste nur nicht, was.

Als sie aber das Strickzeug in die Höhe zog und die Vögel sich nun in ihrer ganzen Länge zeigten, flüsterte er über den Tisch herüber: „Wo hast du das gelernt, Elke?“

„Was gelernt?“, frug das Mädchen zurück.

– „Das Vogelstricken“, sagte Hauke.

„Das? Von Trin' Jans draußen am Deich; sie kann allerlei; sie war vorzeiten einmal bei meinem Großvater hier im Dienst.“

„Da warst du aber wohl noch nicht geboren?“, fragte Hauke.

„Ich denk wohl nicht; aber sie ist noch oft ins Haus gekommen.“

„Hat denn die die Vögel gern?“, frug Hauke; „ich meint, sie hielt es nur mit Katzen!“

Elke schüttelte den Kopf: „Sie zieht ja Enten und verkauft sie; aber im vorigen Frühjahr, als du den Angorer totgeschlagen hattest, sind ihr hinten im Stall die Ratten dazwischengekommen; nun will sie sich vorn am Hause einen andern bauen.“

---

1 zugeschraubt

„So“, sagte Hauke und zog einen leisen Pfiff durch die Zähne, „dazu hat sie von der Geest sich Lehm und Steine hergeschleppt! Aber dann kommt sie in den Binnenweg! – Hat sie denn Konzession?[1]“

„Weiß ich nicht“, meinte Elke. Aber er hatte das letzte Wort so laut gesprochen, dass der Deichgraf aus seinem Schlummer auffuhr. „Was Konzession?“, frug er und sah fast wild von einem zu der andern. „Was soll die Konzession?“

Als aber Hauke ihm dann die Sache vorgetragen hatte, klopfte er ihm lachend auf die Schulter: „Ei was, der Binnenweg ist breit genug; Gott tröst den Deichgrafen, sollt er sich auch noch um die Entenställe kümmern!“

Hauke fiel es aufs Herz, dass er die Alte mit ihren jungen Enten den Ratten sollte preisgegeben haben, und er ließ sich mit dem Einwand abfinden. „Aber, uns' Weert“, begann er wieder, „es tät wohl dem und jenem ein kleiner Zwicker[2] gut, und wollet Ihr ihn nicht selber greifen, so zwicket den Gevollmächtigten, der auf die Deichordnung passen soll!“

„Wie, was sagt der Junge?“, und der Deichgraf setzte sich vollends auf und Elke ließ ihren künstlichen Strumpf sinken und wandte das Ohr hinüber.

„Ja, uns' Weert“, fuhr Hauke fort, „Ihr habt doch schon die Frühlingsschau gehalten; aber trotzdem hat Peter Jansen auf seinem Stück das Unkraut auch noch heute nicht gebuscht[3]; im Sommer werden die Stieglitzer[4] da wieder lustig um die roten Distelblumen spielen! Und dicht daneben, ich weiß nicht, wem's gehört, ist an der Außenseite eine ganze Wiege in dem Deich; bei schön Wetter liegt es immer voll von kleinen Kindern, die sich darin wälzen; aber – Gott bewahr uns vor Hochwasser!“

Die Augen des alten Deichgrafen waren immer größer geworden.

„Und dann –“, sagte Hauke wieder.

---

1 Erlaubnis

2 Zurechtweisung; von „zwicken“

3 buschen: Gebüsch abholzen, Unkraut mähen

4 Stieglitze oder Distelfinken: Carduelis carduelis

„Was dann noch, Junge?“, frug der Deichgraf; „bist du noch nicht fertig?“ Und es klang, als sei der Rede seines Kleinknechts ihm schon zu viel geworden.

„Ja, dann, uns' Weert“, sprach Hauke weiter; „Ihr kennt die dicke Vollina, die Tochter vom Gevollmächtigten Harders, die immer ihres Vaters Pferde aus der Fenne holt – wenn sie nur eben mit ihren runden Waden auf der alten gelben Stute sitzt, hü hopp! So geht's allemal schräg an der Dossierung[1] den Deich hinan!“

Hauke bemerkte erst jetzt, dass Elke ihre klugen Augen auf ihn gerichtet hatte und leise ihren Kopf schüttelte.

Er schwieg, aber ein Faustschlag, den der Alte auf den Tisch tat, dröhnte ihm in die Ohren; „da soll das Wetter dreinschlagen!“, rief er, und Hauke erschrak beinahe über die Bärenstimme, die plötzlich hier hervorbrach. „Zur Brüche[2]!“ Notier mir das dicke Mensch zur Brüche, Hauke! Die Dirne hat mir im letzten Sommer drei junge Enten weggefangen! Ja, ja, notier nur“, wiederholte er, als Hauke zögerte; „ich glaub sogar, es waren vier!“

„Ei, Vater“, sagte Elke, „war's nicht die Otter[3], die die Enten nahm?“

„Eine große Otter“, rief der Alte schnaufend; „werd doch die dicke Vollina und eine Otter auseinanderkennen! Nein, nein, vier Enten, Hauke – aber was du im Übrigen schwatzest, der Herr Oberdeichgraf und ich, nachdem wir zusammen in meinem Hause hier gefrühstückt hatten, sind im Frühjahr an deinem Unkraut und an deiner Wiege vorbeigefahren und haben's doch nicht sehen können. Ihr beide aber“, und er nickte ein paarmal bedeutsam gegen Hauke und seine Tochter, „danket Gott, dass ihr nicht Deichgraf seid! Zwei Augen hat man nur, und mit hundert soll man sehen. – Nimm nur die Rechnungen über die Bestickungsarbeiten[4], Hauke, und sieh sie nach; die Kerls rechnen oft zu liederlich!“

---

1 „(oder Böschung), die Abfalllinie des Deiches“ (S.)

2 die wegen Bruch eines Gesetzes zu zahlende Geldstrafe

3 der Fischotter: Lutra lutra

4 Bestickung: „Belegung und Besteckung mit Stroh bei frischen Deichstrecken“ (S.)

Dann lehnte er sich wieder in seinen Stuhl zurück, ruckte den schweren Körper ein paar Mal und überließ sich bald dem sorglosen Schlummer.

Dergleichen wiederholte sich an manchem Abend, Hauke hatte scharfe Augen und unterließ es nicht, wenn sie beisammensaßen, das eine oder andre von schädlichem Tun oder Unterlassen in Deichsachen dem Alten vor die Augen zu rücken; und da dieser sie nicht immer schließen konnte, so kam unversehens ein lebhafterer Geschäftsgang in die Verwaltung, und die, welche früher im alten Schlendrian fortgesündigt hatten und jetzt unerwartet ihre frevlen oder faulen Finger geklopft fühlten, sahen sich unwillig und verwundert um, woher die Schläge denn gekommen seien. Und Ole, der Großknecht, säumte nicht, möglichst weit die Offenbarung zu verbreiten und dadurch gegen Hauke und seinen Vater, der doch die Mitschuld tragen musste, in diesen Kreisen einen Widerwillen zu erregen; die andern aber, welche nicht getroffen waren oder denen es um die Sache selbst zu tun war, lachten und hatten ihre Freude, dass der Junge den Alten doch einmal etwas in Trab gebracht habe. „Schad nur", sagten sie, „dass der Bengel nicht den gehörigen Klei unter den Füßen hat[1]; das gäbe später sonst einmal wieder einen Deichgrafen, wie vordem sie da gewesen sind; aber die paar Demat[2] seines Alten, die täten's denn doch nicht!"

Als im nächsten Herbst der Herr Amtmann und Oberdeichgraf zur Schauung kam, sah er sich den alten Tede Volkerts von oben bis unten an, während dieser ihn zum Frühstück nötigte. „Wahrhaftig, Deichgraf", sagte er, „ich dacht's mir schon, Ihr seid in der Tat um ein Halbstieg Jahre[3] jünger geworden; Ihr habt mir diesmal mit all Euern Vorschlägen warm gemacht; wenn wir mit alledem nur heute fertig werden!"

---

1 nicht genügend großen Besitz hat

2 „Demat", „ein Landmaß in der Marsch" (S.). „Tagesmahd", „so viel, wie ein Mann an einem Tage mit der Sense abmähen kann" (M.). Der Eiderstedter Demat betrug ca. 1/2 Hektar.

3 Stiege: 20 Stück; ein Halbstieg: zehn Jahre

„Wird schon, wird schon, gestrenger Herr Oberdeichgraf", erwiderte der Alte schmunzelnd; „der Gansbraten da wird schon die Kräfte stärken! Ja, Gott sei Dank, ich bin noch allezeit frisch und munter!" Er sah sich in der Stube um, ob auch nicht etwa Hauke um die Wege sei; dann setzte er in würdevoller Ruhe noch hinzu: „So hoffe ich zu Gott, noch meines Amtes ein paar Jahre in Segen warten zu können."

„Und darauf, lieber Deichgraf", erwiderte sein Vorgesetzter, sich erhebend, „wollen wir dieses Glas zusammen trinken!"

Elke, die das Frühstück bestellt hatte, ging eben, während die Gläser aneinanderklangen, mit leisem Lachen aus der Stubentür. Dann holte sie eine Schüssel Abfall aus der Küche und ging durch den Stall, um es vor der Außentür dem Federvieh vorzuwerfen. Im Stall stand Hauke Haien und steckte den Kühen, die man der argen Witterung wegen schon jetzt hatte heraufnehmen müssen, mit der Furke[1] Heu in ihre Raufen[2]. Als er aber das Mädchen kommen sah, stieß er die Furke auf den Grund.

„Nu, Elke!", sagte er.

Sie blieb stehen und nickte ihm zu: „Ja, Hauke; aber eben hättest du drinnen sein müssen!"

„Meinst du? Warum denn, Elke?"

„Der Herr Oberdeichgraf hat den Wirt gelobt!"

„Den Wirt? Was tut das mir?"

„Nein, ich mein, den Deichgrafen hat er gelobt!"

Ein dunkles Rot flog über das Gesicht des jungen Menschen. „Ich weiß wohl", sagte er, „wohin du damit segeln willst!"

„Werd nur nicht rot, Hauke, du warst es ja doch eigentlich, den der Oberdeichgraf lobte!"

Hauke sah sie mit halbem Lächeln an. „Auch du doch, Elke!", sagte er.

Aber sie schüttelte den Kopf: „Nein, Hauke; als ich allein der Helfer war, da wurden wir nicht gelobt. Ich

[1] Mist- oder Heugabel
[2] Futterleitern; Gestelle, aus denen das Vieh sein Futter zieht

kann ja auch nur rechnen; du aber siehst draußen alles, was der Deichgraf doch wohl selber sehen sollte; du hast mich ausgestochen!"

„Ich hab das nicht gewollt, dich am mindsten", sagte Hauke zaghaft, und er stieß den Kopf einer Kuh zur Seite. „Komm, Rotbunt, friss mir nicht die Furke auf, du sollst ja alles haben!"

„Denk nur nicht, dass mir's leidtut, Hauke", sagte nach kurzem Sinnen das Mädchen, „das ist ja Mannessache!"

Da streckte Hauke ihr den Arm entgegen: „Elke, gib mir die Hand darauf!"

Ein tiefes Rot schoss unter die dunkeln Brauen des Mädchens. „Warum? Ich lüg ja nicht!", rief sie.

Hauke wollte antworten; aber sie war schon zum Stall hinaus, und er stand mit seiner Furke in der Hand und hörte nur, wie draußen die Enten und Hühner um sie schnatterten und krähten.

Es war im Januar von Haukes drittem Dienstjahr, als ein Winterfest gehalten werden sollte; „Eisboseln[1]" nennen sie es hier. Ein ständiger Frost hatte beim Ruhen der Küstenwinde alle Gräben zwischen den Fennen mit einer festen ebenen Kristallfläche belegt, sodass die zerschnittenen Landstücke nun eine weite Bahn für das Werfen der kleinen, mit Blei ausgegossenen Holzkugeln bildeten, womit das Ziel erreicht werden sollte. Tagaus, tagein wehte ein leichter Nordost: Alles war schon in Ordnung; die Geestleute in dem zu Osten über der Marsch belegenen Kirchdorf, die im vorigen Jahre gesiegt hatten, waren zum Wettkampf gefordert und hatten angenommen; von jeder Seite waren neun Werfer aufgestellt; auch der Obmann und die Kretler[2] waren gewählt. Zu Letzteren, die bei Streitfällen über einen zweifelhaften Wurf miteinander zu verhandeln hatten, wurden allezeit Leute genommen, die ihre Sache ins beste Licht zu rücken verstanden, am liebsten Burschen, die außer ge-

1 „Boosseln" ist „das Werfen mit einer Kugel" (M.).
2 Schiedsrichter, „Streitentscheider"; von „kreteln": zanken, streiten

sundem Menschenverstand auch noch ein lustig Mundwerk hatten. Dazu gehörte vor allem Ole Peters, der Großknecht des Deichgrafen. „Werft nur wie die Teufel", sagte er, „das Schwatzen tu ich schon umsonst!"
Es war gegen Abend vor dem Festtag; in der Nebenstube des Kirchspielkruges[1] droben auf der Geest war eine Anzahl von den Werfern erschienen, um über die Aufnahme einiger zuletzt noch Angemeldeten zu beschließen. Hauke Haien war auch unter diesen; er hatte erst nicht wollen, obschon er seiner wurfgeübten Arme sich wohl bewusst war, aber er fürchtete, durch Ole Peters, der einen Ehrenposten in dem Spiel bekleidete, zurückgewiesen zu werden; die Niederlage wollte er sich sparen. Aber Elke hatte ihm noch in der elften Stunde den Sinn gewandt. „Er wird's nicht wagen, Hauke", hatte sie gesagt, „er ist ein Tagelöhnersohn; dein Vater hat Kuh und Pferd und ist dazu der klügste Mann im Dorf!"
„Aber, wenn er's dennoch fertigbringt?"
Sie sah ihn halb lächelnd aus ihren dunkeln Augen an.
„Dann", sagte sie, „soll er sich den Mund wischen[2], wenn er abends mit seines Wirts Tochter zu tanzen denkt!" – Da hatte Hauke ihr mutig zugenickt.
Nun standen die jungen Leute, die noch in das Spiel hineinwollten, frierend und fußtrampelnd vor dem Kirchspielskrug und sahen nach der Spitze des aus Felsblöcken gebauten Kirchturms hinauf, neben dem das Krughaus lag. Des Pastors Tauben[3], die sich im Sommer auf den Feldern des Dorfes nährten, kamen eben von den Höfen und Scheuern der Bauern zurück, wo sie sich jetzt ihre Körner gesucht hatten, und verschwanden unter den Schindeln des Turmes, hinter welchen sie ihre Nester hatten; im Westen über dem Haff stand ein glühendes Abendrot.

1 Gasthof in der Kirchengemeinde; Dorfgasthof
2 Redensart in Form einer Ellipse; Fortführung: denn er bekommt nichts mehr.
3 Dohlen und Krähen; ironischer Ausdruck, der auf die Farbe des Gefieders anspielt

„Wird gut Wetter morgen!“, sagte der eine der jungen Burschen und begann, heftig auf und ab zu wandern, „aber kalt! kalt!“ Ein Zweiter, als er keine Taube mehr fliegen sah, ging in das Haus und stellte sich horchend neben die Tür der Stube, aus der jetzt ein lebhaftes Durcheinanderreden herausscholl; auch des Deichgrafen Kleinknecht war neben ihn getreten. „Hör, Hauke“, sagte er zu diesem, „nun schreien sie um dich!“ Und deutlich hörte man von drinnen Ole Peters' knarrende Stimme: „Kleinknechte und Jungens gehören nicht dazu!“
„Komm“, flüsterte der andre und suchte Hauke am Rockärmel in die Stubentür zu ziehen, „hier kannst du lernen, wie hoch sie dich taxieren![1]“
Aber Hauke riss sich los und ging wieder vor das Haus. „Sie haben uns nicht ausgesperrt, damit wir's hören sollen!“, rief er zurück.
Vor dem Hause stand der dritte der Angemeldeten. „Ich fürcht, mit mir hat's einen Haken“, rief er ihm entgegen; „ich hab kaum achtzehn Jahre; wenn sie nur den Taufschein nicht verlangen! Dich, Hauke, wird dein Großknecht schon herauskreteln!“
„Ja, heraus!“, brummte Hauke und schleuderte mit dem Fuße einen Stein über den Weg, „nur nicht hinein!“
Der Lärm in der Stube wurde stärker; dann allmählich trat eine Stille ein; die draußen hörten wieder den leisen Nordost, der sich oben an der Kirchturmspitze brach. Der Horcher trat wieder zu ihnen. „Wen hatten sie da drinnen?“, frug der Achtzehnjährige.
„Den da!“, sagte jener und wies auf Hauke, „Ole Peters wollte ihn zum Jungen machen; aber alle schrien dagegen. ›Und sein Vater hat Vieh und Land‹, sagte Jeß Hansen. ›Ja, Land‹, rief Ole Peters, ›das man auf dreizehn Karren wegfahren kann!‹ – Zuletzt kam Ole Hensen. ›Still da!‹, schrie er; ›ich will's euch lehren: Sagt nur, wer ist der erste Mann im Dorf?‹ Da schwiegen sie erst und schienen sich zu besinnen; dann sagte eine Stimme: ›Das ist doch wohl der Deichgraf!‹ Und alle anderen riefen: ›Nun ja, unserthalb der Deichgraf!‹

1 einschätzen

– ›Und wer ist denn der Deichgraf?‹, rief Ole Hensen wieder; ›aber nun bedenkt euch recht!‹ – – Da begann einer, leis zu lachen, und dann wieder einer, bis zuletzt nichts in der Stube war als lauter Lachen. ›Nun, so ruft ihn‹, sagte Ole Hensen; ›ihr wollt doch nicht den Deichgrafen von der Tür stoßen!‹
Ich glaub, sie lachen noch; aber Ole Peters' Stimme war nicht mehr zu hören!", schloss der Bursche seinen Bericht.
Fast in demselben Augenblicke wurde drinnen im Hause die Stubentür aufgerissen, und: „Hauke! Hauke Haien!", rief es laut und fröhlich in die Nacht hinaus.
Da trabte Hauke in das Haus und hörte nicht mehr, wer denn der Deichgraf sei; was in seinem Kopf brütete, hat indessen niemand wohl erfahren.
– – Als er nach einer Weile sich dem Hause seiner Herrschaft nahte, sah er Elke drunten am Heck der Auffahrt stehen, das Mondlicht schimmerte über die unermessliche weiß bereifte Weidefläche. „Stehst du hier, Elke?", frug er.
Sie nickte nur. „Was ist geworden?", sagte sie, „hat er's gewagt?"
– „Was sollt er nicht!"
– „Nun, und?"
– „Ja, Elke; ich darf es morgen doch versuchen!"
„Gute Nacht, Hauke!" Und sie lief flüchtig die Werfte hinan und verschwand im Hause.
Langsam folgte er ihr.

Auf der weiten Weidefläche, die sich zu Osten an der Landseite des Deiches entlangzog, sah man am Nachmittag darauf eine dunkle Menschenmasse bald unbeweglich stillestehen, bald, nachdem zweimal eine hölzerne Kugel aus derselben über den durch die Tagessonne jetzt von Reif befreiten Boden hingeflogen war, abwärts von den hinter ihr liegenden langen und niedrigen Häusern allmählich weiterrücken; die Parteien der Eisbosler in der Mitte, umgeben von Alt und Jung, was mit ihnen, sei es in jenen Häusern oder in denen droben auf der Geest, Wohnung oder Verbleib hatte; die älteren Männer in langen Röcken, bedächtig aus kurzen Pfeifen rauchend, die Weiber in Tüchern und Jacken, auch wohl Kinder an den Händen ziehend oder auf den Armen tragend. Aus den gefrorenen Gräben, welche allmählich überschritten wurden, funkelte durch die scharfen Schilfspitzen der bleiche Schein der Nachmittagssonne; es fror mächtig, aber das Spiel ging unablässig vorwärts, und aller Augen verfolgten immer wieder die fliegende Kugel, denn an ihr hing heute für das ganze Dorf die Ehre des Tages. Der Kretler der Parteien trug hier einen weißen, bei den Geestleuten einen schwarzen Stab mit eiserner Spitze; wo die Kugel ihren Lauf geendet hatte, wurde dieser, je nachdem, unter schweigender Anerkennung oder dem Hohngelächter der Gegenpartei in den gefrorenen Boden eingeschlagen, und wessen Kugel zuerst das Ziel erreichte, der hatte für seine Partei das Spiel gewonnen.

Gesprochen wurde von all den Menschen wenig; nur wenn ein Kapitalwurf geschah, hörte man wohl einen Ruf der jungen Männer oder Weiber; oder von den Alten einer nahm seine Pfeife aus dem Mund und klopfte damit unter ein paar guten Worten den Werfer auf die Schulter: „Das war ein Wurf, sagte Zacharies und warf sein Weib aus der Luke!" oder: „So warf dein Vater auch; Gott tröst ihn in der Ewigkeit!" oder was sie sonst für Gutes sagten.

Bei seinem ersten Wurfe war das Glück nicht mit Hauke gewesen; als er eben den Arm hinten ausschwang, um die Kugel fortzuschleudern, war eine Wolke von der Sonne fortgezogen, die sie vorhin bedeckt hatte, und diese traf mit ihrem vollen Strahl in seine Augen; der Wurf wurde zu kurz, die Kugel fiel auf einen Graben und blieb im Bummeis[1] stecken.

„Gilt nicht! Gilt nicht! Hauke, noch einmal!", riefen seine Partner.

Aber der Kretler der Geestleute sprang dagegen auf: „Muss wohl gelten; geworfen ist geworfen!"

„Ole! Ole Peters!", schrie die Marschjugend. „Wo ist Ole? Wo, zum Teufel, steckt er?"

[1] „Windeis"; „dünnes Eis auf den Wiesen, unter dem das Wasser abgelaufen ist" (M.)

Aber er war schon da. „Schreit nur nicht so! Soll Hauke wo geflickt werden! Ich dacht's mir schon."
– „Ei was! Hauke muss noch einmal werfen; nun zeig, dass du das Maul am rechten Fleck hast!"
„Das hab ich schon!", rief Ole und trat dem Geestkretler gegenüber und redete einen Haufen Galimathias[1] aufeinander. Aber die Spitzen und Schärfen, die sonst aus seinen Worten blitzten, waren diesmal nicht dabei. Ihm zur Seite stand das Mädchen mit den Rätselbrauen und sah scharf aus zornigen Augen auf ihn hin; aber reden durfte sie nicht, denn die Frauen hatten keine Stimme in dem Spiel.
„Du leierst Unsinn", rief der andere Kretler, „weil dir der Sinn nicht dienen kann! Sonne, Mond und Sterne sind für uns alle gleich und allezeit am Himmel; der Wurf war ungeschickt, und alle ungeschickten Würfe gelten!"
So redeten sie noch eine Weile gegeneinander; aber das Ende war, dass nach Bescheid des Obmanns Hauke seinen Wurf nicht wiederholen durfte.
„Vorwärts!", riefen die Geestleute, und ihr Kretler zog den schwarzen Stab aus dem Boden, und der Werfer trat auf seinen Nummerruf dort an und schleuderte die Kugel vorwärts. Als der Großknecht des Deichgrafen dem Wurfe zusehen wollte, hatte er an Elke Volkerts vorbeimüssen. „Wem zuliebe ließest du heut deinen Verstand zu Hause?", raunte sie ihm zu.
Da sah er sie fast grimmig an, und aller Spaß war aus seinem breiten Gesichte verschwunden. „Dir zulieb!", sagte er, „denn du hast deinen auch vergessen!"
„Geh nur; ich kenne dich, Ole Peters!", erwiderte das Mädchen, sich hoch aufrichtend; er aber kehrte den Kopf ab und tat, als habe er das nicht gehört.
Und das Spiel und der schwarze und der weiße Stab gingen weiter. Als Hauke wieder am Wurf war, flog seine Kugel schon so weit, dass das Ziel, die große weiß gekalkte Tonne, klar in Sicht kam. Er war jetzt ein fester junger Kerl, und Mathematik und Wurfkunst hatte er

[1] verworrenes Gerede

täglich während seiner Knabenzeit getrieben. „Oho, Hauke!", rief es aus dem Haufen; „das war ja, als habe der Erzengel Michael selbst geworfen!" Eine alte Frau mit Kuchen und Branntwein drängte sich durch den Haufen zu ihm; sie schenkte ein Glas voll und bot es ihm: „Komm", sagte sie, „wir wollen uns vertragen: Das heut ist besser, als da du mir die Katze totschlugst!" Als er sie ansah, erkannte er, dass es Trin' Jans war. „Ich dank dir, Alte", sagte er, „aber ich trink das nicht." Er griff in seine Tasche und drückte ihr ein frisch geprägtes Markstück in die Hand. „Nimm das und trink selber das Glas aus, Trin'; so haben wir uns vertragen!"

„Hast recht, Hauke!", erwiderte die Alte, indem sie seiner Anweisung folgte; „hast recht; das ist auch besser für ein altes Weib wie ich!"

„Wie geht's mit deinen Enten?", rief er ihr noch nach, als sie sich schon mit ihrem Korbe fortmachte; aber sie schüttelte nur den Kopf, ohne sich umzuwenden, und patschte mit ihren alten Händen in die Luft. „Nichts, nichts, Hauke; da sind zu viele Ratten in euren Gräben; Gott tröst mich; man muss sich anders nähren!" Und somit drängte sie sich in den Menschenhaufen und bot wieder ihren Schnaps und ihre Honigkuchen an.

Die Sonne war endlich schon hinter den Deich hinabgesunken; statt ihrer glimmte ein rotvioletter Schimmer empor; mitunter flogen schwarze Krähen vorüber und waren auf Augenblicke wie vergoldet, es wurde Abend. Auf den Fennen aber rückte der dunkle Menschentrupp noch immer weiter von den schwarzen, schon fern liegenden Häusern nach der Tonne zu; ein besonders tüchtiger Wurf musste sie jetzt erreichen können. Die Marschleute waren an der Reihe; Hauke sollte werfen.

Die kreidige Tonne zeichnete sich weiß in dem breiten Abendschatten, der jetzt von dem Deiche über die Fläche fiel. „Die werdet ihr uns diesmal wohl noch lassen!", rief einer von den Geestleuten, denn es ging scharf her; sie waren um mindestens ein Halbstieg Fuß[1] im Vorteil.

[1] zehn Fuß; Fuß: Längenmaß, ca. 30 cm

Die hagere Gestalt des Genannten trat eben aus der Menge; die grauen Augen sahen aus dem langen Friesengesicht vorwärts nach der Tonne; in der herabhängenden Hand lag die Kugel.

„Der Vogel ist dir wohl zu groß“, hörte er in diesem Augenblick Ole Peters' Knarrstimme dicht vor seinen Ohren; „sollen wir ihn um einen grauen Topf vertauschen?“

Hauke wandte sich und blickte ihn mit festen Augen an.

„Ich werfe für die Marsch!“, sagte er. „Wohin gehörst denn du?“

„Ich denke, auch dahin, du wirfst doch wohl für Elke Volkerts!“

„Beiseit!“, schrie Hauke und stellte sich wieder in Positur. Aber Ole drängte mit dem Kopf noch näher auf ihn zu. Da plötzlich, bevor noch Hauke selber etwas dagegen unternehmen konnte, packte den Zudringlichen eine Hand und riss ihn rückwärts, dass der Bursche gegen seine lachenden Kameraden taumelte. Es war keine große Hand gewesen, die das getan hatte; denn als Hauke flüchtig den Kopf wandte, sah er neben sich Elke Volkerts ihren Ärmel zurechtzupfen, und die dunkeln Brauen standen ihr wie zornig in dem heißen Antlitz.

Da flog es wie eine Stahlkraft in Haukes Arm; er neigte sich ein wenig, er wiegte die Kugel ein paarmal in der Hand; dann holte er aus und eine Todesstille war auf beiden Seiten; alle Augen folgten der fliegenden Kugel, man hörte ihr Sausen, wie sie die Luft durchschnitt; plötzlich, schon weit vom Wurfplatz, verdeckten sie die Flügel einer Silbermöwe, die, ihren Schrei ausstoßend, vom Deich herüberkam; zugleich aber hörte man es in der Ferne an die Tonne klatschen. „Hurra für Hauke!“, riefen die Marschleute, und lärmend ging es durch die Menge: „Hauke! Hauke Haien hat das Spiel gewonnen!“

Der aber, da ihn alle dicht umdrängten, hatte seitwärts nur nach einer Hand gegriffen; auch da sie wieder riefen: „Was stehst du, Hauke? Die Kugel liegt ja in der Tonne!“, nickte er nur und ging nicht von der Stelle; erst als er fühlte, dass sich die kleine Hand fest an die seine schloss, sagte er: „Ihr mögt schon recht haben; ich glaube auch, ich hab gewonnen!“

Dann strömte der ganze Trupp zurück und Elke und Hauke wurden getrennt und von der Menge auf den Weg zum Kruge fortgerissen, der an des Deichgrafen Werfte nach der Geest hinaufbog. Hier aber entschlüpften beide dem Gedränge, und während Elke auf ihre Kammer ging, stand Hauke hinten vor der Stalltür auf der Werfte und sah, wie der dunkle Menschentrupp allmählich nach dort hinaufwanderte, wo im Kirchspielskrug ein Raum für die Tanzenden bereitstand. Das Dunkel breitete sich allmählich über die weite Gegend; es wurde immer stiller um ihn her, nur hinter ihm im Stalle regte sich das Vieh; oben von der Geest her glaubte er schon das Pfeifen der Klarinetten aus dem Kruge zu vernehmen. Da hörte er um die Ecke des Hauses das Rauschen eines Kleides, und kleine feste Schritte gingen den Fußsteig hinab, der durch die Fennen nach der Geest hinaufführte. Nun sah er auch im Dämmer die Gestalt dahinschreiten und sah, dass es Elke war; sie ging auch zum Tanze nach dem Krug. Das Blut schoss ihm in den Hals hinauf; sollte er ihr nicht nachlaufen und mit ihr gehen? Aber Hauke war kein Held den Frauen gegenüber; mit dieser Frage sich beschäftigend, blieb er stehen, bis sie im Dunkel seinem Blick entschwunden war. Dann, als die Gefahr, sie einzuholen, vorüber war, ging auch er denselben Weg, bis er droben den Krug bei der Kirche erreicht hatte und das Schwatzen und Schreien der vor dem Hause und auf dem Flur sich Drängenden und das Schrillen der Geigen und Klarinetten betäubend ihn umrauschte. Unbeachtet drückte er sich in den „Gildesaal“; er war nicht groß und so voll, dass man kaum einen Schritt weit vor sich hin sehen konnte. Schweigend stellte er sich an den Türpfosten und blickte in das unruhige Gewimmel; die Menschen kamen ihm wie Narren vor; er hatte auch nicht zu sorgen, dass jemand noch an den Kampf des Nachmittags dachte und wer vor einer Stunde erst das Spiel gewonnen hatte; jeder sah nur auf seine Dirne und drehte sich mit ihr im Kreis herum. Seine Augen suchten nur die eine, und endlich –

dort! Sie tanzte mit ihrem Vetter, dem jungen Deichgevollmächtigten; aber schon sah er sie nicht mehr, nur andere Dirnen aus Marsch und Geest, die ihn nicht kümmerten. Dann schnappten[1] Violinen und Klarinetten plötzlich ab, und der Tanz war zu Ende; aber gleich begann auch schon ein anderer. Hauke flog es durch den Kopf, ob denn Elke ihm auch Wort halten, ob sie nicht mit Ole Peters ihm vorbeitanzen werde. Fast hätte er einen Schrei bei dem Gedanken ausgestoßen; dann – ja, was wollte er dann? Aber sie schien bei diesem Tanze gar nicht mitzuhalten und endlich ging auch der zu Ende und ein anderer, ein Zweitritt[2], der eben erst hier in die Mode gekommen war, folgte. Wie rasend setzte die Musik ein, die jungen Kerle stürzten zu den Dirnen, die Lichter an den Wänden flirrten. Hauke reckte sich fast den Hals aus, um die Tanzenden zu erkennen; und dort, im dritten Paare, das war Ole Peters; aber wer war die Tänzerin? Ein breiter Marschbursche stand vor ihr und deckte ihr Gesicht! Doch der Tanz raste weiter und Ole mit seiner Partnerin drehte sich heraus. „Vollina! Vollina Harders!", rief Hauke fast laut und seufzte dann gleich wieder erleichtert auf. Aber wo blieb Elke? Hatte sie keinen Tänzer, oder hatte sie alle ausgeschlagen, weil sie nicht mit Ole hatte tanzen wollen? – Und die Musik setzte wieder ab und ein neuer Tanz begann; aber wieder sah er Elke nicht! Doch dort kam Ole, noch immer die dicke Vollina in den Armen! „Nun, nun", sagte Hauke, „da wird Jeß Harders mit seinen fünfundzwanzig Demat auch wohl bald aufs Altenteil müssen! – Aber wo ist Elke?"

Er verließ seinen Türpfosten und drängte sich weiter in den Saal hinein; da stand er plötzlich vor ihr, die mit einer älteren Freundin in einer Ecke saß. „Hauke!", rief sie, mit ihrem schmalen Antlitz zu ihm aufblickend; „bist du hier? Ich sah dich doch nicht tanzen!"

„Ich tanze auch nicht", erwiderte er.

---

1 abschnappen: abbrechen

2 Tanz im Zweivierteltakt

– „Weshalb nicht, Hauke?“ Und sich halb erhebend, setzte sie hinzu: „Willst du mit mir tanzen? Ich hab es Ole Peters nicht gegönnt; der kommt nicht wieder!“
Aber Hauke machte keine Anstalt. „Ich danke, Elke“, sagte er; „ich verstehe das nicht gut genug; sie könnten über dich lachen; und dann ...“ Er stockte plötzlich und sah sie nur aus seinen grauen Augen herzlich an, als ob er's ihnen überlassen müsse, das Übrige zu sagen.
„Was meinst du, Hauke?“, frug sie leise.
– „Ich mein, Elke, es kann ja doch der Tag nicht schöner für mich ausgehn, als er's schon getan hat.“
„Ja“, sagte sie, „du hast das Spiel gewonnen.“
„Elke!“, mahnte er kaum hörbar.
Da schlug ihr eine heiße Lohe in das Angesicht. „Geh!“, sagte sie, „was willst du?“, und schlug die Augen nieder.
Als aber die Freundin jetzt von einem Burschen zum Tanze fortgezogen wurde, sagte Hauke lauter: „Ich dachte, Elke, ich hätt was Besseres gewonnen!“
Noch ein paar Augenblicke suchten ihre Augen auf dem Boden; dann hob sie sie langsam, und ein Blick, mit der stillen Kraft ihres Wesens, traf in die seinen, der ihn wie Sommerluft durchströmte. „Tu, wie dir ums Herz ist, Hauke!“, sprach sie, „wir sollten uns wohl kennen!“
Elke tanzte an diesem Abend nicht mehr, und als beide dann nach Hause gingen, hatten sie sich Hand in Hand gefasst; aus der Himmelshöhe funkelten die Sterne über der schweigenden Marsch; ein leichter Ostwind wehte und brachte strenge Kälte; die beiden aber gingen, ohne viel Tücher und Umhang, dahin, als sei es plötzlich Frühling worden.

Hauke hatte sich auf ein Ding besonnen, dessen passende Verwendung zwar in ungewisser Zukunft lag, mit dem er sich aber eine stille Feier zu bereiten gedachte. Deshalb ging er am nächsten Sonntag in die Stadt zum alten Goldschmied Andersen und bestellte einen starken Goldring. „Streckt den Finger her, damit wir messen!“, sagte der Alte und fasste ihm nach dem Goldfinger. „Nun“, meinte er, „der ist nicht gar so dick, wie sie bei euch Leuten sonst zu sein pflegen!“ Aber Hauke sagte: „Messet lieber am kleinen Finger!“, und hielt ihm den entgegen.

Der Goldschmied sah ihn etwas verdutzt an; aber was kümmerten ihn die Einfälle der jungen Bauernburschen. „Da werden wir schon so einen unter den Mädchenringen haben!“, sagte er, und Hauke schoss das Blut durch beide Wangen. Aber der kleine Goldring passte auf seinen kleinen Finger und er nahm ihn hastig und bezahlte ihn mit blankem Silber; dann steckte er ihn unter lautem Herzklopfen, und als ob er einen feierlichen Akt begehe, in die Westentasche. Dort trug er ihn seitdem an jedem Tage mit Unruhe und doch mit Stolz, als sei die Westentasche nur dazu da, um einen Ring darin zu tragen.

Er trug ihn so über Jahr und Tag, ja der Ring musste sogar aus dieser noch in eine neue Westentasche wandern; die Gelegenheit zu seiner Befreiung hatte sich noch immer nicht ergeben wollen. Wohl war's ihm durch den Kopf geflogen, nur gradenwegs vor seinen Wirt hinzutreten; sein Vater war ja doch auch ein Eingesessener! Aber wenn er ruhiger wurde, dann wusste er wohl, der alte Deichgraf würde seinen Kleinknecht ausgelacht haben. Und so lebten er und des Deichgrafen Tochter nebeneinander hin; auch sie in mädchenhaftem Schweigen, und beide doch, als ob sie allzeit Hand in Hand gingen.

Ein Jahr nach jenem Winterfesttag hatte Ole Peters seinen Dienst gekündigt und mit Vollina Harders Hochzeit gemacht; Hauke hatte recht gehabt: Der Alte war auf Altenteil gegangen, und statt der dicken Tochter ritt nun der muntere Schwiegersohn die gelbe Stute in die Fenne und, wie es hieß, rückwärts allzeit gegen den Deich hinan. Hauke war Großknecht geworden und ein Jüngerer an seine Stelle getreten; wohl hatte der Deichgraf ihn erst nicht wollen aufrücken lassen. „Kleinknecht ist besser!“, hatte er gebrummt, „ich brauch ihn hier bei meinen Büchern!“ Aber Elke hatte ihm vorgehalten: „Dann geht auch Hauke, Vater!“ Da war dem Alten bange geworden und Hauke war zum Großknecht aufgerückt, hatte aber trotz dessen nach wie vor auch an der Deichgrafschaft mitgeholfen.

Nach einem andern Jahr aber begann er, gegen Elke davon zu reden, sein Vater werde kümmerlich und die paar Tage, die der Wirt ihn im Sommer in dessen Wirtschaft lasse, täten's nun nicht mehr; der Alte quäle sich, er dürfe das nicht länger ansehn. – Es war ein Sommerabend; die beiden standen im Dämmerschein unter der großen Esche vor der Haustür. Das Mädchen sah eine Weile stumm in die Zweige des Baumes hinauf; dann entgegnete sie: „Ich hab's nicht sagen wollen, Hauke; ich dachte, du würdest selber wohl das Rechte treffen."

„Ich muss dann fort aus eurem Hause", sagte er, „und kann nicht wiederkommen."

Sie schwiegen eine Weile und sahen in das Abendrot, das drüben hinterm Deiche in das Meer versank. „Du musst es wissen", sagte sie, „ich war heut Morgen noch bei deinem Vater und fand ihn in seinem Lehnstuhl eingeschlafen; die Reißfeder in der Hand, das Reißbrett mit einer halben Zeichnung lag vor ihm auf dem Tisch; – und da er erwacht war und mühsam ein Viertelstündchen mit mir geplaudert hatte und ich nun gehen wollte, da hielt er mich so angstvoll an der Hand zurück, als fürchte er, es sei zum letzten Mal; aber ..."

„Was aber, Elke?", frug Hauke, da sie fortzufahren zögerte. Ein paar Tränen rannen über die Wangen des Mädchens. „Ich dachte nur an meinen Vater", sagte sie, „glaub mir, es wird ihm schwer ankommen, dich zu missen." Und als ob sie zu dem Worte sich ermannen müsse, fügte sie hinzu: „Mir ist es oft, als ob er auf seine Totenkammer rüste."

Hauke antwortete nicht; ihm war es plötzlich, als rühre sich der Ring in seiner Tasche; aber noch bevor er seinen Unmut über diese unwillkürliche Lebensregung unterdrückt hatte, fuhr Elke fort: „Nein, zürn nicht, Hauke! Ich trau, du wirst auch so uns nicht verlassen!"

Da ergriff er eifrig ihre Hand, und sie entzog sie ihm nicht. Noch eine Weile standen die jungen Menschen in dem sinkenden Dunkel beieinander, bis ihre Hände auseinanderglitten und jedes seine Wege ging. – Ein Windstoß fuhr empor und rauschte durch die Eschenblätter und machte die Läden klappern, die an der Vorderseite des Hauses waren; allmählich aber kam die Nacht, und Stille lag über der ungeheueren Ebene.

Durch Elkes Zutun war Hauke von dem alten Deichgrafen seines Dienstes entlassen worden, obgleich er ihm rechtzeitig nicht gekündigt hatte, und zwei neue Knechte waren jetzt im Hause. – Noch ein paar Monate weiter, dann starb Tede Haien; aber bevor er starb, rief er den Sohn an seine Lagerstatt. „Setz dich zu mir, mein Kind", sagte der Alte mit matter Stimme, „dicht zu mir! Du brauchst dich nicht zu fürchten, wer bei mir ist, das ist nur der dunkle Engel des Herrn, der mich zu rufen kommt."
Und der erschütterte Sohn setzte sich dicht an das dunkle Wandbett. „Sprecht, Vater, was Ihr noch zu sagen habt!"
„Ja, mein Sohn, noch etwas", sagte der Alte und streckte seine Hände über das Deckbett. „Als du, noch ein halber Junge, zu dem Deichgrafen in Dienst gingst, da lag's in deinem Kopf, das selbst einmal zu werden. Das hatte mich angesteckt und ich dachte auch allmählich, du seiest der rechte Mann dazu. Aber dein Erbe war für solch ein Amt zu klein – ich habe während deiner Dienstzeit knapp gelebt –, ich dacht, es zu vermehren."
Hauke fasste heftig seines Vaters Hände und der Alte suchte sich aufzurichten, dass er ihn sehen könne. „Ja, ja, mein Sohn", sagte er, „dort in der obersten Schublade der Schatulle[1] liegt das Dokument. Du weißt, die alte Antje Wohlers hat eine Fenne von fünf und einem halben Demat; aber sie konnte mit dem Mietgelde allein in ihrem krüppelhaften Alter nicht mehr durchfinden; da habe ich allzeit um Martini eine bestimmte Summe, und auch mehr, wenn ich es hatte, dem armen Mensch gegeben; und dafür hat sie die Fenne mir übertragen; es ist alles gerichtlich fertig. – – Nun liegt auch sie am Tode: Die Krankheit unserer Marschen, der Krebs, hat sie befallen; du wirst nicht mehr zu zahlen brauchen!"

[1] „verschließbares Kästchen zur Aufbewahrung von Geld oder Wertsachen" (Duden)

Eine Weile schloss er die Augen; dann sagte er noch: „Es ist nicht viel; doch hast du mehr dann, als du bei mir gewohnt warst. Mög es dir zu deinem Erdenleben dienen!“

Unter den Dankesworten des Sohnes schlief der Alte ein. Er hatte nichts mehr zu besorgen; und schon nach einigen Tagen hatte der dunkle Engel des Herrn ihm seine Augen für immer zugedrückt, und Hauke trat sein väterliches Erbe an.

– – Am Tage nach dem Begräbnis kam Elke in dessen Haus. „Dank, dass du einguckst, Elke!“, rief Hauke ihr als Gruß entgegen.

Aber sie erwiderte: „Ich guck nicht ein; ich will bei dir ein wenig Ordnung schaffen, damit du ordentlich in deinem Hause wohnen kannst! Dein Vater hat vor seinen Zahlen und Rissen nicht viel um sich gesehen, und auch der Tod schafft Wirrsal; ich will's dir wieder ein wenig lebig machen!“

Er sah aus seinen grauen Augen voll Vertrauen auf sie hin. „So schaff nur Ordnung!“, sagte er, „ich hab's auch lieber.“

Und dann begann sie aufzuräumen: Das Reißbrett, das noch dalag, wurde abgestäubt und auf den Boden getragen, Reißfedern und Bleistift und Kreide sorgfältig in einer Schatullenschublade weggeschlossen; dann wurde die junge Dienstmagd zur Hülfe hereingerufen und mit ihr das Geräte der ganzen Stube in eine andere und bessere Stellung gebracht, sodass es anschien, als sei dieselbe nun heller und größer geworden. Lächelnd sagte Elke: „Das können nur wir Frauen!“ Und Hauke, trotz seiner Trauer um den Vater, hatte mit glücklichen Augen zugesehen, auch wohl selber, wo es nötig war, geholfen.

Und als gegen die Dämmerung – es war zu Anfang des Septembers – alles war, wie sie es für ihn wollte, fasste sie seine Hand und nickte ihm mit ihren dunkeln Augen zu: „Nun komm und iss bei uns zu Abend; denn meinem Vater hab ich's versprechen müssen, dich mitzubringen; wenn du dann heimgehst, kannst du ruhig in dein Haus treten!“

Als sie dann in die geräumige Wohnstube des Deichgrafen traten, wo bei verschlossenen Läden schon die beiden Lichter auf dem Tische brannten, wollte dieser aus seinem Lehnstuhl in die Höhe, aber mit seinem schweren Körper zurücksinkend rief er nur seinem früheren Knecht entgegen: „Recht, recht, Hauke, dass du deine alten Freunde aufsuchst! Komm nur näher, immer näher!" Und als Hauke an seinen Stuhl getreten war, fasste er dessen Hand mit seinen beiden runden Händen. „Nun, nun, mein Junge", sagte er, „sei nur ruhig jetzt, denn sterben müssen wir alle, und dein Vater war keiner von den Schlechtsten! – Aber, Elke, nun sorg, dass du den Braten auf den Tisch kriegst; wir müssen uns stärken! Es gibt viel Arbeit für uns, Hauke! Die Herbstschau ist in Anmarsch; Deich- und Sielrechnungen haushoch; der neuliche Deichschaden am Westerkoog – ich weiß nicht, wo mir der Kopf steht, aber deiner, gottlob, ist um ein gut Stück jünger; du bist ein braver Junge, Hauke!"
Und nach dieser langen Rede, womit der Alte sein ganzes Herz dargelegt hatte, ließ er sich in seinen Stuhl zurückfallen und blinzelte sehnsüchtig nach der Tür, durch welche Elke eben mit der Bratenschüssel hereintrat. Hauke stand lächelnd neben ihm. „Nun setz dich", sagte der Deichgraf, „damit wir nicht unnötig Zeit verspillen[1]; kalt schmeckt das nicht!"
Und Hauke setzte sich; es schien ihm Selbstverstand[2], die Arbeit von Elkes Vater mitzutun. Und als die Herbstschau dann gekommen war und ein paar Monde mehr ins Jahr gingen, da hatte er freilich auch den besten Teil daran getan."

Der Erzähler hielt inne und blickte um sich. Ein Möwenschrei war gegen das Fenster geschlagen und draußen vom Hausflur aus wurde ein Trampeln hörbar, als ob einer den Klei von seinen schweren Stiefeln abtrete.

1 vergeuden, verschwenden
2 selbstverständlich

Deichgraf und Gevollmächtigte wandten die Köpfe gegen die Stubentür. „Was ist?“, rief der Erstere.

Ein starker Mann, den Südwester auf dem Kopf, war eingetreten. „Herr“, sagte er, „wir beide haben es gesehen, Hans Nickels und ich: Der Schimmelreiter hat sich in den Bruch gestürzt!“

„Wo saht Ihr das?“, frug der Deichgraf.

– „Es ist ja nur die eine Wehle; in Jansens Fenne, wo der Hauke-Haien-Koog beginnt.“

„Saht Ihr's nur einmal?“

– „Nur einmal; es war auch nur wie Schatten, aber es braucht drum nicht das erste Mal gewesen zu sein.“

Der Deichgraf war aufgestanden. „Sie wollen entschuldigen“, sagte er, sich zu mir wendend, „wir müssen draußen nachsehn, wo das Unheil hin will!“ Dann ging er mit dem Boten zur Tür hinaus; aber auch die übrige Gesellschaft brach auf und folgte ihm.

Ich blieb mit dem Schullehrer allein in dem großen öden Zimmer; durch die unverhangenen Fenster, welche nun nicht mehr durch die Rücken der davorsitzenden Gäste verdeckt wurden, sah man frei hinaus und wie der Sturm die dunklen Wolken über den Himmel jagte.

Der Alte saß noch auf seinem Platze, ein überlegenes, fast mitleidiges Lächeln auf seinen Lippen. „Es ist hier zu leer geworden“, sagte er, „darf ich Sie zu mir auf mein Zimmer laden? Ich wohne hier im Hause; und glauben Sie mir, ich kenne die Wetter hier am Deich; für uns ist nichts zu fürchten.“

Ich nahm das dankend an, denn auch mich wollte hier zu frösteln anfangen, und wir stiegen unter Mitnahme eines Lichtes die Stiegen zu einer Giebelstube hinauf, die zwar gleichfalls gegen Westen hinauslag, deren Fenster aber jetzt mit dunklen Wollteppichen verhangen waren. In einem Bücherregal sah ich eine kleine Bibliothek, daneben die Porträte zweier alter Professoren; vor einem Tische stand ein großer Ohrenlehnstuhl. „Machen Sie sich's bequem!“, sagte mein freundlicher Wirt und warf einige Torf in den noch glimmenden kleinen Ofen, der oben von einem Blechkessel gekrönt war. „Nur noch ein

Weilchen! Er wird bald sausen; dann brau ich uns ein Gläschen Grog, das hält Sie munter!“

„Dessen bedarf es nicht“, sagte ich; „ich werde nicht schläfrig, wenn ich Ihren Hauke auf seinem Lebensweg begleite!“

– „Meinen Sie?“ Und er nickte mit seinen klugen Augen zu mir herüber, nachdem ich behaglich in seinem Lehnstuhl untergebracht war. „Nun, wo blieben wir denn? -- Ja, ja; ich weiß schon! Also:

Hauke hatte sein väterliches Erbe angetreten, und da die alte Antje Wohlers auch ihrem Leiden erlegen war, so hatte deren Fenne es vermehrt. Aber seit dem Tode oder, richtiger, seit den letzten Worten seines Vaters war in ihm etwas aufgewachsen, dessen Keim er schon seit seiner Knabenzeit in sich getragen hatte; er wiederholte es sich mehr als zu oft, er sei der rechte Mann, wenn's einen neuen Deichgrafen geben müsse. Das war es; sein Vater, der es verstehen musste, der ja der klügste Mann im Dorf gewesen war, hatte ihm dieses Wort wie eine letzte Gabe seinem Erbe beigelegt; die Wohlers'sche Fenne, die er ihm auch verdankte, sollte den ersten Trittstein zu dieser Höhe bilden! Denn, freilich auch mit dieser – ein Deichgraf musste noch einen andern Grundbesitz aufweisen können! – – Aber sein Vater hatte sich einsame Jahre knapp beholfen, und mit dem, was er sich entzogen hatte, war er des neuen Besitzes Herr geworden; das konnte er auch, er konnte noch mehr; denn seines Vaters Kraft war schon verbraucht gewesen, er aber konnte noch jahrelang die schwerste Arbeit tun! – – Freilich, wenn er es dadurch nach dieser Seite hin erzwang, durch die Schärfen und Spitzen, die er der Verwaltung seines alten Dienstherrn zugesetzt hatte, war ihm eben keine Freundschaft im Dorf zuwege gebracht worden, und Ole Peters, sein alter Widersacher, hatte jüngsthin eine Erbschaft getan und begann, ein wohlhabender Mann zu werden! Eine Reihe von Gesichtern ging vor seinem innern Blick vorüber, und sie sahen ihn alle mit bösen Augen an; da fasste ihn ein Groll gegen diese Menschen: Er streckte die Arme aus, als griffe er nach ihnen, denn sie wollten ihn vom Amte drängen, zu dem von allen nur er berufen war. – Und die Gedanken ließen ihn nicht; sie waren immer wieder da, und so wuchsen in seinem jungen Herzen neben der Ehrenhaftigkeit und Liebe auch die Ehrsucht und der Hass. Aber diese beiden verschloss er tief in seinem Innern; selbst Elke ahnte nichts davon. – Als das neue Jahr gekommen war, gab es eine Hochzeit; die Braut war eine Verwandte von den Haiens, und Hauke und Elke waren beide dort geladene Gäste; ja, bei dem Hochzeitessen traf es sich durch das Ausbleiben eines näheren Verwandten, dass sie ihre Plätze nebeneinander fanden. Nur ein Lächeln, das über beider Antlitz glitt, verriet ihre Freude darüber. Aber Elke saß heute teilnahmslos in dem Geräusche des Plauderns und Gläserklirrens.

„Fehlt dir etwas?“, frug Hauke.

– „Oh, eigentlich nichts; es sind mir nur zu viele Menschen hier.“

„Aber du siehst so traurig aus!“

Sie schüttelte den Kopf; dann sprachen sie wieder nicht.

Da stieg es über ihr Schweigen wie Eifersucht in ihm auf, und heimlich unter dem überhängenden Tischtuch ergriff er ihre Hand; aber sie zuckte nicht, sie schloss sich wie vertrauensvoll um seine. Hatte ein Gefühl der Verlassenheit sie befallen, da ihre Augen täglich auf der hinfälligen Gestalt des Vaters haften mussten? – Hauke dachte nicht daran, sich so zu fragen; aber ihm stand der Atem still, als er jetzt seinen Goldring aus der Tasche zog. „Lässt du ihn sitzen?“, frug er zitternd, während er den Ring auf den Goldfinger der schmalen Hand schob.

Gegenüber am Tische saß die Frau Pastorin; sie legte plötzlich ihre Gabel hin und wandte sich zu ihrem Nachbar.

„Mein Gott, das Mädchen!“, rief sie, „sie wird ja totenblass!“

Aber das Blut kehrte schon zurück in Elkes Antlitz.

„Kannst du warten, Hauke?“, frug sie leise.

Der kluge Friese besann sich doch noch ein paar Augenblicke. „Auf was?“, sagte er dann.

– „Du weißt das wohl; ich brauch dir's nicht zu sagen."

„Du hast recht", sagte er; „ja, Elke, ich kann warten – wenn's nur ein menschlich Absehen hat!"

„O Gott, ich fürcht, ein nahes! Sprich nicht so, Hauke; du sprichst von meines Vaters Tod!" Sie legte die andere Hand auf ihre Brust. „Bis dahin", sagte sie, „trag ich den Goldring hier; du sollst nicht fürchten, dass du bei meiner Lebzeit ihn zurückbekommst!"

Da lächelten sie beide und ihre Hände pressten sich ineinander, dass bei anderer Gelegenheit das Mädchen wohl laut aufgeschrien hätte.

Die Frau Pastorin hatte indessen unablässig nach Elkes Augen hingesehen, die jetzt unter dem Spitzenstrich des goldbrokatenen Käppchens wie in dunklem Feuer brannten. Bei dem zunehmenden Getöse am Tische aber hatte sie nichts verstanden; auch an ihren Nachbar wandte sie sich nicht wieder, denn keimende Ehen – und um eine solche schien es ihr sich denn doch hier zu handeln –, schon um des daneben keimenden Traupfennigs[1] für ihren Mann, den Pastor, pflegte sie nicht zu stören.

Elkes Vorahnung war in Erfüllung gegangen; eines Morgens nach Ostern hatte man den Deichgrafen Tede Volkerts tot in seinem Bett gefunden; man sah's an seinem Antlitz, ein ruhiges Ende war darauf geschrieben. Er hatte auch mehrfach in den letzten Monden[2] Lebensüberdruss geäußert; sein Leibgericht, der Ofenbraten, selbst seine Enten hatten ihm nicht mehr schmecken wollen.

Und nun gab es eine große Leiche[3] im Dorf. Droben auf der Geest auf dem Begräbnisplatz um die Kirche war zu Westen eine mit Schmiedegitter umhegte Grabstätte; ein breiter blauer Grabstein stand jetzt aufgehoben gegen eine Traueresche, auf welchem das Bild des Todes mit

1 Traugebühr
2 Monaten
3 ein großes Begräbnis

stark gezahnten Kiefern ausgehauen war; darunter in großen Buchstaben:

Dat is de Dod, de allens fritt,
Nimmt Kunst un Wetenschop di mit;
De kloke Mann is nu vergahn,
Gott gäw' em selig Uperstahn![1]

Es war die Begräbnisstätte des früheren Deichgrafen Volkert Tedsen; nun war eine frische Grube gegraben, wohinein dessen Sohn, der jetzt verstorbene Deichgraf Tede Volkerts, begraben werden sollte. Und schon kam unten aus der Marsch der Leichenzug heran, eine Menge Wagen aus allen Kirchspielsdörfern; auf dem vordersten stand der schwere Sarg, die beiden blanken Rappen des deichgräflichen Stalles zogen ihn schon den sandigen Anberg[2] zur Geest hinauf; Schweife und Mähnen der Pferde wehten in dem scharfen Frühjahrswind. Der Gottesacker um die Kirche war bis an die Wälle mit Menschen angefüllt, selbst auf dem gemauerten Tore huckten Buben mit kleinen Kindern in den Armen; sie wollten alle das Begraben ansehn.

Im Hause drunten in der Marsch hatte Elke in Pesel und Wohngelass das Leichenmahl gerüstet; alter Wein wurde bei den Gedecken hingestellt; an den Platz des Oberdeichgrafen – denn auch er war heut nicht ausgeblieben – und an den des Pastors je eine Flasche Langkork[3]. Als alles besorgt war, ging sie durch den Stall vor die Hoftür; sie traf niemanden auf ihrem Wege; die Knechte waren mit zwei Gespannen in der Leichenfuhr. Hier blieb sie stehen und sah, während ihre Trauerkleider im Frühlingswinde flatterten, wie drüben an dem Dorfe jetzt die letzten Wagen zur Kirche hinauffuhren. Nach

---

1 Das ist der Tod, der alles frisst,
Nimmt Kunst und Wissenschaft dir mit,
Der kluge Mann ist nun gestorben,
Gott gebe ihm ein seliges Auferstehen.

2 Abhang, Hügel

3 „Langkork hieß eine Rotweinsorte in Flaschen mit langem Kork" (Trübner).

einer Weile entstand dort ein Gewühl, dem eine Totenstille zu folgen schien. Elke faltete die Hände; sie senkten wohl den Sarg jetzt in die Grube. „Und zur Erde wieder sollst du werden!" Unwillkürlich, leise, als hätte sie von dort es hören können, sprach sie die Worte nach; dann füllten ihre Augen sich mit Tränen, ihre über der Brust gefalteten Hände sanken in den Schoß. „Vater unser, der du bist im Himmel!", betete sie voll Inbrunst. Und als das Gebet des Herrn zu Ende war, stand sie noch lange unbeweglich, sie, die jetzige Herrin dieses großen Marschhofes; und Gedanken des Todes und des Lebens begannen, sich in ihr zu streiten.

Ein fernes Rollen weckte sie. Als sie die Augen öffnete, sah sie schon wieder einen Wagen um den anderen in rascher Fahrt von der Marsch herab und gegen ihren Hof herankommen. Sie richtete sich auf, blickte noch einmal scharf hinaus und ging dann, wie sie gekommen war, durch den Stall in die feierlich hergestellten Wohnräume zurück. Auch hier war niemand; nur durch die Mauer hörte sie das Rumoren der Mägde in der Küche. Die Festtafel stand so still und einsam; der Spiegel zwischen den Fenstern war mit weißen Tüchern zugesteckt und ebenso die Messingknöpfe an dem Beilegerofen[1]; es blinkte nichts mehr in der Stube. Elke sah die Türen vor dem Wandbett, in dem ihr Vater seinen letzten Schlaf getan hatte, offen stehen und ging hinzu und schob sie fest zusammen; wie gedankenlos las sie den Sinnspruch, der zwischen Rosen und Nelken mit goldenen Buchstaben darauf geschrieben stand:

Hest du din Dagwerk richtig dan,
Da kummt de Slap von sülvst heran.[2]

Das war noch von dem Großvater! – Einen Blick warf sie auf den Wandschrank; er war fast leer, aber durch die Glastüren sah sie noch den geschliffenen Pokal darin,

[1] ein von hinten bzw. aus dem Nachbarzimmer geheizter Ofen

[2] Hast du dein Tagwerk wohl getan,
Dann kommt der Schlaf von selbst heran.

der ihrem Vater, wie er gern erzählt hatte, einst bei einem Ringreiten[1] in seiner Jugend als Preis zuteil geworden war. Sie nahm ihn heraus und setzte ihn bei dem Gedeck des Oberdeichgrafen. Dann ging sie ans Fenster, denn schon hörte sie die Wagen an der Werfte heraufrollen; einer um den andern hielt vor dem Hause, und munterer, als sie gekommen waren, sprangen jetzt die Gäste von ihren Sitzen auf den Boden. Hände reibend und plaudernd drängte sich alles in die Stube; nicht lange, so setzte man sich an die festliche Tafel, auf der die wohlbereiteten Speisen dampften, im Pesel der Oberdeichgraf mit dem Pastor; und Lärm und lautes Schwatzen lief den Tisch entlang, als ob hier nimmer der Tod seine furchtbare Stille ausgebreitet hätte. Stumm, das Auge auf ihre Gäste, ging Elke mit den Mägden an den Tischen herum, dass an dem Leichenmahle nichts versehen werde[2]. Auch Hauke Haien saß im Wohnzimmer neben Ole Peters und anderen kleineren Besitzern.

Nachdem das Mahl beendet war, wurden die weißen Tonpfeifen aus der Ecke geholt und angebrannt, und Elke war wiederum geschäftig, die gefüllten Kaffeetassen den Gästen anzubieten; denn auch der wurde heute nicht gespart. Im Wohnzimmer an dem Pulte des eben Begrabenen stand der Oberdeichgraf im Gespräche mit dem Pastor und dem weißhaarigen Deichgevollmächtigten Jewe Manners. „Alles gut, ihr Herren", sagte der erste, „den alten Deichgrafen haben wir mit Ehren beigesetzt; aber woher nehmen wir den neuen? Ich denke, Manners, Ihr werdet Euch dieser Würde unterziehen müssen!"

Der alte Manners hob lächelnd das schwarze Sammetkäppchen von seinen weißen Haaren. „Herr Oberdeichgraf", sagte er, „das Spiel würde zu kurz werden; als der verstorbene Tede Volkerts Deichgraf, da wurde ich Gevollmächtigter und bin es nun schon vierzig Jahre!"

„Das ist kein Mangel, Manners; so kennt Ihr die Geschäfte umso besser und werdet nicht Not mit ihnen haben!"

---

1 Hierbei muss der Reiter seinen Speer im Galopp durch einen herabhängenden Ring stechen.

2 nichts versäumt werde

Aber der Alte schüttelte den Kopf: „Nein, nein, Euer Gnaden, lasset mich, wo ich bin, so laufe ich wohl noch ein paar Jahre mit!“

Der Pastor stand ihm bei. „Weshalb“, sagte er, „nicht den ins Amt nehmen, der es tatsächlich in den letzten Jahren doch geführt hat?“

Der Oberdeichgraf sah ihn an: „Ich verstehe nicht, Herr Pastor!“

Aber der Pastor wies mit dem Finger in den Pesel, wo Hauke in langsam ernster Weise zwei älteren Leuten etwas zu erklären schien. „Dort steht er“, sagte er, „die lange Friesengestalt mit den klugen grauen Augen neben der hageren Nase und den zwei Schädelwölbungen darüber! Er war des Alten Knecht und sitzt jetzt auf seiner eigenen kleinen Stelle; er ist zwar etwas jung!“

„Er scheint ein Dreißiger“, sagte der Oberdeichgraf, den ihm so Vorgestellten musternd.

„Er ist kaum vierundzwanzig“, bemerkte der Gevollmächtigte Manners, „aber der Pastor hat recht: Was in den letzten Jahren Gutes für Deiche und Siele und dergleichen vom Deichgrafenamt in Vorschlag kam, das war von ihm; mit dem Alten war's doch zuletzt nichts mehr.“

„So, so?“, machte der Oberdeichgraf, „und Ihr meinet, er wäre nun auch der Mann, um in das Amt seines alten Herrn einzurücken?“

„Der Mann wäre er schon“, entgegnete Jewe Manners, „aber ihm fehlt das, was man hier ›Klei unter den Füßen‹ nennt; sein Vater hatte so um fünfzehn, er mag gut zwanzig Demat haben; aber damit ist bis jetzt hier niemand Deichgraf geworden.“

Der Pastor tat schon den Mund auf, als wolle er etwas einwenden, da trat Elke Volkerts, die eine Weile schon im Zimmer gewesen, plötzlich zu ihnen. „Wollen Euer Gnaden mir ein Wort erlauben?“, sprach sie zu dem Oberbeamten; „es ist nur, damit aus einem Irrtum nicht ein Unrecht werde!“

„So sprecht, Jungfer Elke!“, entgegnete dieser, „Weisheit von hübschen Mädchenlippen hört sich allzeit gut!“

– „Es ist nicht Weisheit, Euer Gnaden; ich will nur die Wahrheit sagen.“

„Auch die muss man ja hören können, Jungfer Elke!“

Das Mädchen ließ ihre dunklen Augen noch einmal zur Seite gehen, als ob sie wegen überflüssiger Ohren sich versichern wolle. „Euer Gnaden“, begann sie dann, und ihre Brust hob sich in stärkerer Bewegung, „mein Pate, Jewe Manners, sagte Ihnen, dass Hauke Haien nur etwa zwanzig Demat im Besitz habe; das ist im Augenblick auch richtig, aber sobald es sein muss, wird Hauke noch um so viel mehr sein eigen nennen, als dieser, meines Vaters, jetzt mein Hof an Dematzahl beträgt; für einen Deichgrafen wird das zusammen denn wohl reichen.“

Der alte Manners reckte den weißen Kopf gegen sie, als müsse er erst sehen, wer denn eigentlich da rede. „Was ist das?“, sagte er, „Kind, was sprichst du da?“

Aber Elke zog an einem schwarzen Bändchen einen blinkenden Goldring aus ihrem Mieder. „Ich bin verlobt, Pate Manners“, sagte sie; „hier ist der Ring und Hauke Haien ist mein Bräutigam.“

– „Und wann – ich darf's wohl fragen, da ich dich aus der Taufe hob, Elke Volkerts –, wann ist denn das passiert?“

– „Das war schon vor geraumer Zeit; doch war ich mündig, Pate Manners“, sagte sie, „mein Vater war schon hinfällig worden, und da ich ihn kannte, so wollt ich ihn nicht mehr damit beunruhigen; itzt, da er bei Gott ist, wird er einsehen, dass sein Kind bei diesem Manne wohl geborgen ist. Ich hätte es auch das Trauerjahr hindurch schon ausgeschwiegen; jetzt aber, um Haukes und um des Kooges willen, hab ich reden müssen.“ Und zum Oberdeichgrafen gewandt, setzte sie hinzu: „Euer Gnaden wollen mir das verzeihen!“

Die drei Männer sahen sich an; der Pastor lachte, der alte Gevollmächtigte ließ es bei einem „Hm, hm!“ bewenden, während der Oberdeichgraf wie vor einer wichtigen Entscheidung sich die Stirn rieb.

„Ja, liebe Jungfer“, sagte er endlich, „aber wie steht es denn hier im Kooge mit den ehelichen Güterrechten? Ich

muss gestehen, ich bin augenblicklich nicht recht kapitelfest[1] in diesem Wirrsal!"
„Das brauchen Euer Gnaden auch nicht", entgegnete des Deichgrafen Tochter, „ich werde vor der Hochzeit meinem Bräutigam die Güter übertragen. Ich habe auch meinen kleinen Stolz", setzte sie lächelnd hinzu, „ich will den reichsten Mann im Dorfe heiraten!"
„Nun, Manners", meinte der Pastor, „ich denke, Sie werden auch als Pate nichts dagegen haben, wenn ich den jungen Deichgrafen mit des alten Tochter zusammengebe!"
Der Alte schüttelte leis den Kopf. „Unser Herrgott gebe seinen Segen!", sagte er andächtig.
Der Oberdeichgraf aber reichte dem Mädchen seine Hand: „Wahr und weise habt Ihr gesprochen, Elke Volkerts; ich danke Euch für so kräftige Erläuterungen und hoffe auch in Zukunft und bei freundlicheren Gelegenheiten als heute, der Gast Eueres Hauses zu sein; aber – dass ein Deichgraf von solch junger Jungfer gemacht wurde, das ist das Wunderbare an der Sache!"
„Euer Gnaden", erwiderte Elke und sah den gütigen Oberbeamten noch einmal mit ihren ernsten Augen an, „einem rechten Manne wird auch die Frau wohl helfen dürfen!" Dann ging sie in den anstoßenden Pesel und legte schweigend ihre Hand in Hauke Haiens.

Es war um mehrere Jahre später: In dem kleinen Hause Tede Haiens wohnte jetzt ein rüstiger Arbeiter mit Frau und Kind; der junge Deichgraf Hauke Haien saß mit seinem Weibe Elke Volkerts auf deren väterlicher Hofstelle. Im Sommer rauschte die gewaltige Esche nach wie vor am Hause; aber auf der Bank, die jetzt darunterstand, sah man abends meist nur die junge Frau, einsam mit einer häuslichen Arbeit in den Händen; noch immer fehlte ein Kind in dieser Ehe; der Mann aber hatte anderes zu tun, als Feierabend vor der Tür zu halten, denn trotz seiner früheren Mithülfe lagen aus des Alten Amtsführung eine Menge unerledigter Dinge, an die auch er derzeit

[1] bibelfest; gesetzeskundig

zu rühren nicht für gut gefunden hatte; jetzt aber musste allmählich alles aus dem Wege; er fegte mit einem scharfen Besen. Dazu kam die Bewirtschaftung der durch seinen eigenen Landbesitz vergrößerten Stelle, bei der er gleichwohl den Kleinknecht noch zu sparen suchte; so sahen sich die beiden Eheleute, außer am Sonntag, wo Kirchgang gehalten wurde, meist nur bei dem von Hauke eilig besorgten Mittagessen und beim Auf- und Niedergang des Tages; es war ein Leben fortgesetzter Arbeit, doch gleichwohl ein zufriedenes.

Dann kam ein störendes Wort in Umlauf. – Als von den jüngeren Besitzern der Marsch- und Geestgemeinde eines Sonntags nach der Kirche ein etwas unruhiger Trupp im Kruge droben am Trunke festgeblieben war, redeten sie beim vierten oder fünften Glase zwar nicht über König und Regierung – so hoch wurde damals noch nicht gegriffen –, wohl aber über Kommunal- und Oberbeamte, vor allem über Gemeindeabgaben und -lasten, und je länger sie redeten, desto weniger fand davon Gnade vor ihren Augen, insonders nicht die neuen Deichlasten; alle Siele und Schleusen, die sonst immer gehalten hätten, seien jetzt reparaturbedürftig; am Deiche fänden sich immer neue Stellen, die Hunderte von Karren Erde nötig hätten; der Teufel möchte die Geschichte holen!

„Das kommt von eurem klugen Deichgrafen", rief einer von den Geestleuten, „der immer grübeln geht und seine Finger dann in alles steckt!"

„Ja, Marten", sagte Ole Peters, der dem Sprecher gegenübersaß, „recht hast du, er ist hinterspinnig[1] und sucht beim Oberdeichgraf sich 'nen weißen Fuß zu machen[2]; aber wir haben ihn nun einmal!"

„Warum habt ihr ihn euch aufhucken lassen?", sagte der andre, „nun müsst ihr's bar bezahlen."

Ole Peters lachte. „Ja, Marten Fedders, das ist nun so bei uns, und davon ist nichts abzukratzen; der alte wurde

[1] hinterlistig, heimtückisch

[2] „sich bei jemandem beliebt machen, eine Vorzugsstellung verschaffen" (Röhrich)

Deichgraf von seines Vaters, der neue von seines Weibes wegen."
Das Gelächter, das jetzt um den Tisch lief, zeigte, welchen Beifall das geprägte Wort gefunden hatte.
Aber es war an öffentlicher Wirtstafel gesprochen worden, es blieb nicht da, es lief bald um im Geest- und unten in dem Marschdorf; so kam es auch an Hauke. Und wieder ging vor seinem inneren Auge die Reihe übelwollender Gesichter vorüber, und noch höhnischer, als es gewesen war, hörte er das Gelächter an dem Wirtshaustische. „Hunde!", schrie er, und seine Augen sahen grimmig zur Seite, als wolle er sie peitschen lassen.
Da legte Elke ihre Hand auf seinen Arm: „Lass sie; die wären alle gern, was du bist!"
– „Das ist es eben!", entgegnete er grollend.
„Und", fuhr sie fort, „hat denn Ole Peters sich nicht selber eingefreit?"
„Das hat er, Elke; aber was er mit Vollina freite, das reichte nicht zum Deichgrafen!"
– „Sag lieber: Er reichte nicht dazu!" Und Elke drehte ihren Mann, sodass er sich im Spiegel sehen musste, denn sie standen zwischen den Fenstern in ihrem Zimmer. „Da steht der Deichgraf!", sagte sie, „nun sieh ihn an; nur wer ein Amt regieren kann, der hat es!"
„Du hast nicht unrecht", entgegnete er sinnend, „und doch ... Nun, Elke; ich muss zur Osterschleuse, die Türen schließen wieder nicht!"
Sie drückte ihm die Hand: „Komm, sieh mich erst einmal an! Was hast du, deine Augen sehen so ins Weite?"
„Nichts, Elke, du hast ja recht."
Er ging; aber nicht lange war er gegangen, so war die Schleusenreparatur vergessen. Ein anderer Gedanke, den er halb nur ausgedacht und seit Jahren mit sich umhergetragen hatte, der aber vor den drängenden Amtsgeschäften ganz zurückgetreten war, bemächtigte sich seiner jetzt aufs Neue und mächtiger als je zuvor, als seien plötzlich die Flügel ihm gewachsen.

Kaum dass er es selber wusste, befand er sich oben auf dem Haffdeich[1], schon eine weite Strecke südwärts nach der Stadt zu; das Dorf, das nach dieser Seite hinaus lag, war ihm zur Linken längst verschwunden; noch immer schritt er weiter, seine Augen unablässig nach der Seeseite auf das breite Vorland[2] gerichtet; wäre jemand neben ihm gegangen, er hätte es sehen müssen, welche eindringliche Geistesarbeit hinter diesen Augen vorging. Endlich blieb er stehen: Das Vorland schwand hier zu einem schmalen Streifen an dem Deich zusammen. ›Es muss gehen!‹, sprach er bei sich selbst. ›Sieben Jahre im Amt; sie sollen nicht mehr sagen, dass ich nur Deichgraf bin von meines Weibes wegen!‹

Noch immer stand er und seine Blicke schweiften scharf und bedächtig nach allen Seiten über das grüne Vorland; dann ging er zurück, bis wo auch hier ein schmaler Streifen grünen Weidelands die vor ihm liegende breite Landfläche ablöste. Hart an dem Deiche aber schoss ein starker Meeresstrom durch diese, der fast das ganze Vorland von dem Festlande trennte und zu einer Hallig machte; eine rohe Holzbrücke führte nach dort hinüber, damit man mit Vieh und Heu- und Getreidewagen hinüber- und wieder zurückgelangen könne. Jetzt war es Ebbzeit und die goldene Septembersonne glitzerte auf dem etwa hundert Schritte breiten Schlickstreifen und auf dem tiefen Priel[3] in seiner Mitte, durch den auch jetzt das Meer noch seine Wasser trieb. ›Das lässt sich dämmen!‹, sprach Hauke bei sich selber, nachdem er diesem Spiele eine Zeitlang zugesehen; dann blickte er auf und von dem Deiche, auf dem er stand, über den Priel hinweg zog er in Gedanken eine Linie längs dem Rande des abgetrennten Landes, nach Süden herum und ostwärts wiederum zurück über die dortige Fortsetzung des Prieles und an den Deich heran. Die Linie aber, welche er unsichtbar gezogen hatte, war ein neuer Deich, neu auch in der Konstruktion

---

1 Seedeich

2 „der Teil des Festlandes vor den Deichen“ (S.)

3 „Wasserlauf in den Watten und Außendeichen“ (S.)

seines Profiles, welches bis jetzt nur noch in seinem Kopf vorhanden war.

„Das gäbe einen Koog von zirka tausend Demat“, sprach er lächelnd zu sich selber; „nicht groß just; aber ...“

Eine andere Kalkulation überkam ihn: das Vorland gehörte hier der Gemeinde, ihren einzelnen Mitgliedern eine Zahl von Anteilen, je nach der Größe ihres Besitzes im Gemeindebezirk oder nach sonst zu Recht bestehender Erwerbung; er begann zusammenzuzählen, wie viel Anteile er von seinem, wie viele er von Elkes Vater überkommen[1] und was an solchen er während seiner Ehe schon selbst gekauft hatte, teils in dem dunklen Gefühle eines künftigen Vorteils, teils bei Vermehrung seiner Schafzucht. Es war schon eine ansehnliche Menge; denn auch von Ole Peters hatte er dessen sämtliche Teile angekauft, da es diesem zum Verdruss geschlagen war, als bei einer teilweisen Überströmung ihm sein bester Schafbock ertrunken war. Aber das war ein seltsamer Unfall gewesen, denn so weit Haukes Gedächtnis reichte, waren selbst bei hohen Fluten dort nur die Ränder überströmt worden. Welch treffliches Weide- und Kornland musste es geben und von welchem Werte, wenn das alles von seinem neuen Deich umgeben war! Wie ein Rausch stieg es ihm ins Gehirn; aber er presste die Nägel in seine Handflächen und zwang seine Augen, klar und nüchtern zu sehen, was dort vor ihm lag: eine große deichlose Fläche, wer wusste es, welchen Stürmen und Fluten schon in den nächsten Jahren preisgegeben, an deren äußerstem Rande jetzt ein Trupp von schmutzigen Schafen langsam grasend entlangwanderte; dazu für ihn ein Haufen Arbeit, Kampf und Ärger! Trotz alledem, als er vom Deich hinab- und den Fußsteig über die Fennen auf seine Werfte zuging, ihm war's, als brächte er einen großen Schatz mit sich nach Hause.

Auf dem Flur trat Elke ihm entgegen. „Wie war es mit der Schleuse?“, frug sie.

---

1 erhalten, empfangen

Er sah mit geheimnisvollem Lächeln auf sie nieder. „Wir werden bald eine andere Schleuse brauchen", sagte er; „und Sielen und einen neuen Deich!"

„Ich versteh dich nicht", entgegnete Elke, während sie in das Zimmer gingen; „was willst du, Hauke?"

„Ich will", sagte er langsam und hielt dann einen Augenblick inne, „ich will, dass das große Vorland, das unserer Hofstatt gegenüber beginnt und dann nach Westen ausgeht, zu einem festen Kooge eingedeicht werde: Die hohen Fluten haben fast ein Menschenalter uns in Ruh gelassen; wenn aber eine von den schlimmen wiederkommt und den Anwachs[1] stört, so kann mit einem Mal die ganze Herrlichkeit zu Ende sein; nur der alte Schlendrian hat das bis heut so lassen können!"

Sie sah ihn voll Erstaunen an. „So schiltst du dich ja selber!", sagte sie.

– „Das tu ich, Elke; aber es war bisher auch so viel anderes zu beschaffen!"

„Ja, Hauke; gewiss, du hast genug getan!"

Er hatte sich in den Lehnstuhl des alten Deichgrafen gesetzt und seine Hände griffen fest um beide Lehnen.

„Hast du denn guten Mut dazu?", frug ihn sein Weib.

– „Das hab ich, Elke!", sprach er hastig.

„Sei nicht zu rasch, Hauke; das ist ein Werk auf Tod und Leben; und fast alle werden dir entgegen sein, man wird dir deine Müh und Sorg nicht danken!"

Er nickte. „Ich weiß!", sagte er.

„Und wenn es nun nicht gelänge!", rief sie wieder, „von Kindesbeinen an hab ich gehört, der Priel sei nicht zu stopfen, und darum dürfe nicht daran gerührt werden."

„Das war ein Vorwand für die Faulen!", sagte Hauke, „weshalb denn sollte man den Priel nicht stopfen können?"

– „Das hört ich nicht; vielleicht, weil er gerade durchgeht; die Spülung ist zu stark." – Eine Erinnerung überkam sie und ein fast schelmisches Lächeln brach aus ihren ernsten Augen. „Als ich Kind war", sprach sie,

[1] Landzuwachs, Anschwemmung

„hörte ich einmal die Knechte darüber reden; sie meinten, wenn ein Damm dort halten solle, müsse was Lebigs da hineingeworfen und mit verdämmt werden; bei einem Deichbau auf der andern Seite, vor wohl hundert Jahren, sei ein Zigeunerkind verdämmet worden, das sie um schweres Geld der Mutter abgehandelt hätten; jetzt aber würde wohl keine ihr Kind verkaufen!"

Hauke schüttelte den Kopf: „Da ist es gut, dass wir keins haben, sie würden es sonst noch schier von uns verlangen!"

„Sie sollten's nicht bekommen!", sagte Elke und schlug wie in Angst die Arme über ihren Leib.

Und Hauke lächelte, doch sie frug noch einmal: „Und die ungeheuren Kosten? Hast du das bedacht?"

– „Das hab ich, Elke; was wir dort herausbringen, wird sie bei Weitem überholen, auch die Erhaltungskosten des alten Deiches gehen für ein gut Stück in dem neuen unter; wir arbeiten ja selbst und haben über achtzig Gespanne in der Gemeinde, und an jungen Fäusten ist hier auch kein Mangel. Du sollst mich wenigstens nicht umsonst zum Deichgrafen gemacht haben, Elke; ich will ihnen zeigen, dass ich einer bin!"

Sie hatte sich vor ihm niedergehuckt und ihn sorgvoll angeblickt; nun erhob sie sich mit einem Seufzer. „Ich muss weiter zu meinem Tagewerk", sagte sie, und ihre Hand strich langsam über seinen Wange, „tu du das deine, Hauke!"

„Amen, Elke!", sprach er mit ernstem Lächeln, „Arbeit ist für uns beide da!"

– – Und es war Arbeit genug für beide, die schwerste Last aber fiel jetzt auf des Mannes Schulter. An Sonntagnachmittagen, oft auch nach Feierabend, saß Hauke mit einem tüchtigen Feldmesser[1] zusammen, vertieft in Rechenaufgaben, Zeichnungen und Rissen[2]; war er allein, dann ging es ebenso und endete oft weit nach Mitternacht. Dann schlich er in die gemeinsame Schlafkammer – denn die dumpfen Wandbetten im Wohngemach wur-

1 Landmesser
2 Aufrisse, Grundrisse

den in Haukes Wirtschaft nicht mehr gebraucht –, und sein Weib, damit er endlich nur zur Ruhe komme, lag wie schlafend mit geschlossenen Augen, obgleich sie mit klopfendem Herzen nur auf ihn gewartet hatte; dann küsste er mitunter ihre Stirn und sprach ein leises Liebeswort dabei und legte sich selbst zum Schlafe, der ihm oft nur beim ersten Hahnenkraht[1] zu Willen war. Im Wintersturm lief er auf den Deich hinaus, mit Bleistift und Papier in der Hand, und stand und zeichnete und notierte, während ein Windstoß ihm die Mütze vom Kopf riss und das lange, fahle Haar ihm um sein heißes Antlitz flog; bald fuhr er, solange nur das Eis ihm nicht den Weg versperrte, mit einem Knecht zu Boot ins Wattenmeer hinaus und maß dort mit Lot und Stange die Tiefen der Ströme, über die er noch nicht sicher war. Elke zitterte oft genug für ihn; aber war er wieder da, so hätte er das nur aus ihrem festen Händedruck oder dem leuchtenden Blitz aus ihren sonst so stillen Augen merken können. „Geduld, Elke“, sagte er, da ihm einmal war, als ob sein Weib ihn nicht lassen könne. „Ich muss erst selbst im Reinen sein, bevor ich meinen Antrag stelle!“ Da nickte sie und ließ ihn gehen. Der Ritte in die Stadt zum Oberdeichgrafen wurden auch nicht wenige, und allem diesen und den Mühen in Haus- und Landwirtschaft folgten immer wieder die Arbeiten in die Nacht hinein. Sein Verkehr mit anderen Menschen außer in Arbeit und Geschäft verschwand fast ganz; selbst der mit seinem Weibe wurde immer weniger. ›Es sind schlimme Zeiten, und sie werden noch lange dauern‹, sprach Elke bei sich selber und ging an ihre Arbeit.

Endlich, Sonne und Frühlingswinde hatten schon überall das Eis gebrochen, war auch die letzte Vorarbeit getan; die Eingabe an den Oberdeichgrafen zur Befürwortung an höherem Orte, enthaltend den Vorschlag einer Bedeichung des erwähnten Vorlandes zur Förderung des öffentlichen Besten, insonders des Kooges wie nicht weniger der Herrschaftlichen Kasse, da höchstderselben in kurzen Jahren die Abgabe von zirka tausend Demat

[1] Hahnenschrei bei Sonnenaufgang

daraus erwachsen würden, war sauber abgeschrieben und nebst anliegenden Rissen und Zeichnungen aller Lokalitäten, jetzt und künftig, der Schleusen und Siele und was noch sonst dazugehörte, in ein festes Konvolut[1] gepackt und mit dem deichgräflichen Amtssiegel versehen worden.

„Da ist es, Elke", sagte der junge Deichgraf, „nun gib ihm deinen Segen!"

Elke legte ihre Hand in seine. „Wir wollen fest zusammenhalten", sagte sie.

– „Das wollen wir."

Dann wurde die Eingabe durch einen reitenden Boten in die Stadt gesandt.

Sie wollen bemerken, lieber Herr", unterbrach der Schulmeister seine Erzählung, mich freundlich mit seinen feinen Augen fixierend, „dass ich das bisher Berichtete während meiner fast vierzigjährigen Wirksamkeit in diesem Kooge aus den Überlieferungen verständiger Leute oder aus Erzählungen der Enkel und Urenkel solcher zusammengefunden habe; was ich, damit Sie dieses mit dem endlichen Verlauf in Einklang zu bringen vermögen, Ihnen jetzt vorzutragen habe, das war derzeit und ist auch jetzt noch das Geschwätz des ganzen Marschdorfes, sobald nur um Allerheiligen die Spinnräder an zu schnurren fangen.

Von der Hofstelle des Deichgrafen, etwa fünf- bis sechshundert Schritte weiter nordwärts, sah man derzeit, wenn man auf dem Deiche stand, ein paar tausend Schritt ins Wattenmeer hinaus und etwas weiter von dem gegenüberliegenden Marschufer entfernt eine kleine Hallig, die sie ›Jeverssand‹, auch ›Jevershallig‹ nannten. Von den derzeitigen Großvätern war sie noch zur Schafweide benutzt worden, denn Gras war damals noch darauf gewachsen; aber auch das hatte aufgehört, weil die niedrige Hallig ein paarmal, und just im Hochsommer, unter Seewasser gekommen und der Graswuchs dadurch verkümmert und auch zur Schafweide unnutzbar geworden

[1] Bündel

war. So kam es denn, dass außer von Möwen und den andern Vögeln, die am Strande fliegen, und etwa einmal von einem Fischadler[1], dort kein Besuch mehr stattfand; und an mondhellen Abenden sah man vom Deiche aus nur die Nebeldünste leichter oder schwerer darüber hinziehen. Ein paar weiß gebleichte Knochengerüste ertrunkener Schafe und das Gerippe eines Pferdes, von dem freilich niemand begriff, wie es dort hingekommen sei, wollte man, wenn der Mond von Osten auf die Hallig schien, dort auch erkennen können.

Es war zu Ende März, als an dieser Stelle nach Feierabend der Tagelöhner aus dem Tede Haien'schen Hause und Iven Johns, der Knecht des jungen Deichgrafen, nebeneinanderstanden und unbeweglich nach der im trüben Mondduft[2] kaum erkennbaren Hallig hinüberstarrten; etwas Auffälliges schien sie dort so festzuhalten. Der Tagelöhner steckte die Hände in die Tasche und schüttelte sich. „Komm, Iven", sagte er, „das ist nichts Gutes; lass uns nach Haus gehen!"

Der andere lachte, wenn auch ein Grauen bei ihm hindurchklang: „Ei was, es ist eine lebige Kreatur, eine große! Wer, zum Teufel, hat sie nach dem Schlickstück hinaufgejagt! Sieh nur, nun reckt's den Hals zu uns hinüber! Nein, es senkt den Kopf; es frisst! Ich dächt, es wär dort nichts zu fressen! Was es nur sein mag?"

„Was geht das uns an!", entgegnete der andere. „Gute Nacht, Iven, wenn du nicht mitwillst; ich gehe nach Haus!"

– „Ja, ja; du hast ein Weib, du kommst ins warme Bett! Bei mir ist auch in meiner Kammer lauter Märzenluft!"

„Gut Nacht denn!", rief der Tagelöhner zurück, während er auf dem Deich nach Hause trabte. Der Knecht sah sich ein paarmal nach dem Fortlaufenden um; aber die Begier, Unheimliches zu schauen, hielt ihn noch fest. Da kam eine untersetzte, dunkle Gestalt auf dem Deich vom Dorf her gegen ihn heran; es war der Dienstjunge des Deichgrafen.

1 Pandion haliaetus
2 Monddunst

„Was willst du, Carsten?", rief ihm der Knecht entgegen.
„Ich? – nichts", sagte der Junge, „aber unser Wirt will dich sprechen, Iven Johns!"
Der Knecht hatte die Augen schon wieder nach der Hallig: „Gleich; ich komme gleich!", sagte er.
„Wonach guckst du denn so?", frug der Junge.
Der Knecht hob den Arm und wies stumm nach der Hallig.
„Oha!", flüstere der Junge; „da geht ein Pferd – ein Schimmel – das muss der Teufel reiten – wie kommt ein Pferd nach Jevershallig?"
– „Weiß nicht, Carsten, wenn's nur ein richtiges Pferd ist!"
„Ja, ja, Iven; sieh nur, es frisst ganz wie ein Pferd! Aber wer hat's dahin gebracht; wir haben im Dorf so große Böte gar nicht! Vielleicht auch ist es nur ein Schaf; Peter Ohm sagt, im Mondschein wird aus zehn Torfringeln[1] ein ganzes Dorf. Nein, sieh! Nun springt es – es muss doch ein Pferd sein!"
Beide standen eine Weile schweigend, die Augen nur nach dem gerichtet, was sie drüben undeutlich vor sich gehen sahen. Der Mond stand hoch am Himmel und beschien das weite Wattenmeer, das eben in der steigenden Flut seine Wasser über die glitzernden Schlickflächen zu spülen begann. Nur das leise Geräusch des Wassers, keine Tierstimme war in der ungeheueren Weite hier zu hören; auch in der Marsch, hinter dem Deiche, war es leer; Kühe und Rinder waren alle noch in den Ställen. Nichts regte sich; nur was sie für ein Pferd, einen Schimmel, hielten, schien dort auf Jevershallig noch beweglich.
„Es wird heller", unterbrach der Knecht die Stille, „ich sehe deutlich die weißen Schafgerippe schimmern!"
„Ich auch", sagte der Junge und reckte den Hals; dann aber, als komme es ihm plötzlich, zupfte er den Knecht am Ärmel. „Iven", raunte er, „das Pferdsgerippe, das sonst dabeilag, wo ist es? Ich kann's nicht sehen!"
„Ich seh es auch nicht! Seltsam!", sagte der Knecht.

[1] Torf, der zum Trocknen in Ringe(l)n aufgestellt ist

– „Nicht so seltsam, Iven! Mitunter, ich weiß nicht, in welchen Nächten, sollen die Knochen sich erheben und tun, als ob sie lebig wären!“

„So?“, machte der Knecht, „das ist ja Altweiberglaube!“

„Kann sein, Iven“, meinte der Junge.

„Aber, ich mein, du sollst mich holen; komm, wir müssen nach Haus! Es bleibt hier immer doch dasselbe.“

Der Junge war nicht fortzubringen, bis der Knecht ihn mit Gewalt herumgedreht und auf den Weg gebracht hatte.

„Hör, Carsten“, sagte dieser, als die gespensterhafte Hallig ihnen schon ein gut Stück im Rücken lag, „du giltst ja für einen Allerweltsbengel; ich glaub, du möchtest das am liebsten selber untersuchen!“

„Ja“, entgegnete Carsten, nachträglich noch ein wenig schaudernd, „ja, das möcht ich, Iven!“

„Ist das dein Ernst? – dann“, sagte der Knecht, nachdem der Junge ihm nachdrücklich darauf die Hand geboten hatte, „lösen wir morgen Abend unser Boot; du fährst nach Jeverssand; ich bleib so lange auf dem Deiche stehen.“

„Ja“, erwiderte der Junge, „das geht! Ich nehme meine Peitsche mit!“

„Tu das!“

Schweigend kamen sie an das Haus ihrer Herrschaft, zu dem sie langsam die hohe Werft hinanstiegen.

Um dieselbe Zeit des folgenden Abends saß der Knecht auf dem großen Steine vor der Stalltür, als der Junge, mit seiner Peitsche knallend, zu ihm kam. „Das pfeift ja wunderlich!“, sagte jener.

„Freilich, nimm dich in Acht“, entgegnete der Junge, „ich hab auch Nägel in die Schnur geflochten.“

„So komm!“, sagte der andere.

Der Mond stand, wie gestern, am Osthimmel und schien klar aus seiner Höhe. Bald waren beide wieder draußen auf dem Deich und sahen hinüber nach Jevershallig, die wie ein Nebelfleck im Wasser stand. „Da geht es wieder“, sagte der Knecht, „nach Mittag war ich hier, da

war's nicht da; aber ich sah deutlich das weiße Pferdsgerippe liegen!"
Der Junge reckte den Hals. „Das ist jetzt nicht da, Iven", flüsterte er.
„Nun, Carsten, wie ist's?", sagte der Knecht. „Juckt's dich noch hinüberzufahren?"
Carsten besann sich einen Augenblick; dann klatschte er mit seiner Peitsche in die Luft. „Mach nur das Boot los, Iven!"
Drüben aber war es, als hebe, was dorten ging, den Hals und recke gegen das Festland hin den Kopf. Sie sahen es nicht mehr; sie gingen schon den Deich hinab und bis zur Stelle, wo das Boot gelegen war. „Nun, steig nur ein!", sagte der Knecht, nachdem er es losgebunden hatte. „Ich bleib, bis du zurück bist! Zu Osten musst du anlegen; da hat man immer landen können!" Und der Junge nickte schweigend und fuhr mit seiner Peitsche in die Mondnacht hinaus; der Knecht wanderte unterm Deich zurück und bestieg ihn wieder an der Stelle, wo sie vorhin gestanden hatten. Bald sah er, wie drüben bei einer schroffen, dunkeln Stelle, an die ein breiter Priel hinanführte, das Boot sich beilegte und eine untersetzte Gestalt daraus ans Land sprang. – War's nicht, als klatschte der Junge mit seiner Peitsche? Aber es konnte auch das Geräusch der steigenden Flut sein. Mehrere hundert Schritte nordwärts sah er, was sie für einen Schimmel angesehen hatten; und jetzt? – Ja, die Gestalt des Jungen kam gerade darauf zugegangen. Nun hob es den Kopf, als ob es stutze; und der Junge – es war deutlich jetzt zu hören – klatschte mit der Peitsche. Aber – was fiel ihm ein? Er kehrte um, er ging den Weg zurück, den er gekommen war. Das drüben schien unablässig fortzuweiden, kein Wiehern war von dort zu hören gewesen; wie weiße Wasserstreifen schien es mitunter über die Erscheinung hinzuziehen. Der Knecht sah wie gebannt hinüber.
Da hörte er das Anlegen des Bootes am diesseitigen Ufer, und bald sah er aus der Dämmerung den Jungen gegen sich am Deich heraufsteigen.
„Nun, Carsten", frug er, „was war es?"

Der Junge schüttelte den Kopf. „Nichts war es!", sagte er. „Noch kurz vom Boot aus hatt ich es gesehen; dann aber, als ich auf der Hallig war – weiß der Henker, wo sich das Tier verkrochen hatte, der Mond schien doch hell genug; aber als ich an die Stelle kam, war nichts da als die bleichen Knochen von einem halben Dutzend Schafen und etwas weiter lag auch das Pferdsgerippe mit seinem weißen, langen Schädel und ließ den Mond in seine leeren Augenhöhlen scheinen!"

„Hm!", meinte der Knecht, „hast auch recht zugesehen?"

„Ja, Iven, ich stand dabei; ein gottvergessener Kiewiet[1], der hinter dem Gerippe sich zur Nachtruh hingeduckt hatte, flog schreiend auf, dass ich erschrak und ein paarmal mit der Peitsche hintennach klatschte."

„Und das war alles?"

„Ja, Iven; ich weiß nicht mehr."

„Es ist auch genug", sagte der Knecht, zog den Jungen am Arm zu sich heran und wies hinüber nach der Hallig. „Dort, siehst du etwas, Carsten?"

– „Wahrhaftig, da geht's ja wieder!"

„Wieder?", sagte der Knecht, „ich hab die ganze Zeit hinübergeschaut, aber es ist gar nicht fortgewesen; du gingst ja gerade auf das Unwesen los!"

Der Junge starrte ihn an; ein Entsetzen lag plötzlich auf seinem sonst so kecken Angesicht, das auch dem Knechte nicht entging. „Komm!", sagte dieser, „wir wollen nach Haus: Von hier aus geht's wie lebig und drüben liegen nur die Knochen – das ist mehr, als du und ich begreifen können. Schweig aber still davon, man darf dergleichen nicht verreden![2]" So wandten sie sich und der Junge trabte neben ihm; sie sprachen nicht und die Marsch lag in lautlosem Schweigen an ihrer Seite.

– – Nachdem aber der Mond zurückgegangen und die Nächte dunkel geworden waren, geschah ein anderes. Hauke Haien war zur Zeit des Pferdemarktes in die Stadt geritten, ohne jedoch mit diesem dort zu tun zu

1 Kiebitz
2 nicht verplappern, nicht ausplaudern

haben. Gleichwohl, da er gegen Abend heimkam, brachte er ein zweites Pferd mit sich nach Hause; aber es war rauhaarig und mager, dass man jede Rippe zählen konnte, und die Augen lagen ihm matt und eingefallen in den Schädelhöhlen. Elke war vor die Haustür getreten, um ihren Eheliebsten zu empfangen. „Hilf Himmel!“, rief sie. „Was soll uns der alte Schimmel?“ Denn da Hauke mit ihm vor das Haus geritten kam und unter der Esche hielt, hatte sie gesehen, dass die arme Kreatur auch lahme.

Der junge Deichgraf aber sprang lachend von seinem braunen Wallach: „Lass nur, Elke; es kostet auch nicht viel!“

Die kluge Frau erwiderte: „Du weißt doch, das Wohlfeilste ist auch meist das Teuerste.“

– „Aber nicht immer, Elke; das Tier ist höchstens vier Jahr alt; sieh es dir nur genauer an! Es ist verhungert und misshandelt; da soll ihm unser Hafer guttun; ich werd es selbst versorgen, damit sie mir's nicht überfüttern.“

Das Tier stand indessen mit gesenktem Kopf; die Mähnen hingen lang am Hals herunter. Frau Elke, während ihr Mann nach den Knechten rief, ging betrachtend um dasselbe herum; aber sie schüttelte den Kopf: „So eins ist noch nie in unserm Stall gewesen!“

Als jetzt der Dienstjunge um die Hausecke kam, blieb er plötzlich mit erschrocknen Augen stehen. „Nun, Carsten“, rief der Deichgraf, „was fährt dir in die Knochen? Gefällt dir mein Schimmel nicht?“

„Ja – o ja, uns' Wert, warum denn nicht!“

– „So bring die Tiere in den Stall; gib ihnen kein Futter; ich komme gleich selber hin!“

Der Junge fasste mit Vorsicht den Halfter des Schimmels und griff dann hastig, wie zum Schutze, nach dem Zügel des ihm ebenfalls vertrauten Wallachs. Hauke aber ging mit seinem Weibe in das Zimmer; ein Warmbier hatte sie für ihn bereit und Brot und Butter waren auch zur Stelle.

Er war bald gesättigt; dann stand er auf und ging mit seiner Frau im Zimmer auf und ab. „Lass dir erzählen,

Elke“, sagte er, während der Abendschein auf den Kacheln an den Wänden spielte, „wie ich zu dem Tier gekommen bin: Ich war wohl eine Stunde beim Oberdeichgrafen gewesen; er hatte gute Kunde für mich – es wird wohl dies und jenes anders werden als in meinen Rissen; aber die Hauptsache, mein Profil, ist akzeptiert, und schon in den nächsten Tagen kann der Befehl zum neuen Deichbau da sein!“

Elke seufzte unwillkürlich. „Also doch?“, sagte sie sorgenvoll.

„Ja, Frau“, entgegnete Hauke, „hart wird's hergehen; aber dazu, denk ich, hat der Herrgott uns zusammengebracht! Unsere Wirtschaft ist jetzt so gut in Ordnung; ein groß Teil kannst du schon auf deine Schultern nehmen; denk nur um zehn Jahr weiter – dann stehen wir vor einem andern Besitz.“

Sie hatte bei seinen ersten Worten die Hand ihres Mannes versichernd in die ihrigen gepresst; seine letzten Worte konnten sie nicht erfreuen. „Für wen soll der Besitz?“, sagte sie. „Du müsstest denn ein ander Weib nehmen; ich bring dir keine Kinder.“

Tränen schossen ihr in die Augen; aber er zog sie fest in seine Arme. „Das überlassen wir dem Herrgott“, sagte er, „jetzt aber und auch dann noch sind wir jung genug, um uns der Früchte unserer Arbeit selbst zu freuen.“

Sie sah ihn lange, während er sie hielt, aus ihren dunkeln Augen an.

„Verzeih, Hauke“, sprach sie, „ich bin mitunter ein verzagt Weib!“

Er neigte sich zu ihrem Antlitz und küsste sie: „Du bist mein Weib und ich dein Mann, Elke! Und anders wird es nun nicht mehr.“

Da legte sie die Arme fest um seinen Nacken: „Du hast recht, Hauke, und was kommt, kommt für uns beide.“

Dann löste sie sich errötend von ihm. „Du wolltest von dem Schimmel mir erzählen“, sagte sie leise.

„Das wollt ich, Elke. Ich sagte dir schon, mir war Kopf und Herz voll Freude über die gute Nachricht, die der Oberdeichgraf mir gegeben hatte; so ritt ich eben wieder aus der Stadt hinaus, da, auf dem Damm, hinter dem Hafen, begegnet mir ein ruppiger Kerl; ich wusst nicht, war's ein Vagabund, ein Kesselflicker oder was denn sonst. Der Kerl zog den Schimmel am Halfter hinter sich; das Tier aber hob den Kopf und sah mich aus blöden Augen an; mir war's, als ob es mich um etwas bitten wolle; ich war ja auch in diesem Augenblicke reich genug. „He, Landsmann!", rief ich, „wo wollt Ihr mit der Kracke[1] hin?"

Der Kerl blieb stehen und der Schimmel auch. „Verkaufen!", sagte jener und nickte mir listig zu.

„Nur nicht an mich!", rief ich lustig.

„Ich denke doch!", sagte er; „das ist ein wacker Pferd und unter hundert Talern nicht bezahlt."

Ich lachte ihm ins Gesicht.

„Nun", sagte er, „lacht nicht so hart; Ihr sollt's mir ja nicht zahlen! Aber ich kann's nicht brauchen, bei mir verkommt's; es würd bei Euch bald ander Ansehen haben!"

Da sprang ich von meinem Wallach und sah dem Schimmel ins Maul und sah wohl, es war noch ein junges Tier.

„Was soll's denn kosten?", rief ich, da auch das Pferd mich wiederum wie bittend ansah.

„Herr, nehmt's für dreißig Taler!", sagte der Kerl, „und den Halfter geb ich Euch darein!"

Und da, Frau, hab ich dem Burschen in die dargebotne braune Hand, die fast wie eine Klaue aussah, eingeschlagen. So haben wir den Schimmel, und ich denk auch, wohlfeil genug! Wunderlich nur war es, als ich mit den Pferden wegritt, hört ich bald hinter mir ein Lachen, und als ich den Kopf wandte, sah ich den Slowaken; der stand noch sperrbeinig[2], die Arme auf dem Rücken, und lachte wie ein Teufel hinter mir darein."

„Pfui", rief Elke, „wenn der Schimmel nur nichts von seinem alten Herrn zubringt! Mög er dir gedeihen, Hauke!"

---

1 alter Gaul

2 mit gespreizten Beinen, breitbeinig

„Er selber soll es wenigstens, soweit ich's leisten kann!"

Und der Deichgraf ging in den Stall, wie er vorhin dem Jungen es gesagt hatte.

– – Aber nicht allein an jenem Abend fütterte er den Schimmel, er tat es fortan immer selbst und ließ kein Auge von dem Tiere; er wollte zeigen, dass er einen Priesterhandel[1] gemacht habe; jedenfalls sollte nichts versehen[2] werden. – Und schon nach wenig Wochen hob sich die Haltung des Tieres; allmählich verschwanden die rauen Haare; ein blankes, blau geapfeltes Fell kam zum Vorschein, und da er es eines Tages auf der Hofstatt umherführte, schritt es schlank auf seinen festen Beinen. Hauke dachte des abenteuerlichen Verkäufers. „Der Kerl war ein Narr oder ein Schuft, der es gestohlen hatte!", murmelte er bei sich selber. – Bald auch, wenn das Pferd im Stall nur seine Schritte hörte, warf es den Kopf herum und wieherte ihm entgegen; nun sah er auch, es hatte, was die Araber verlangen, ein fleischlos Angesicht; draus blitzten ein Paar feurige braune Augen. Dann führte er es aus dem Stall und legte ihm einen leichten Sattel auf; aber kaum saß er droben, so fuhr dem Tier ein Wiehern wie ein Lustschrei aus der Kehle; es flog mit ihm davon, die Werfte hinab auf den Weg und dann dem Deiche zu; doch der Reiter saß fest, und als sie oben waren, ging es ruhiger, leicht, wie tanzend, und warf den Kopf dem Meere zu. Er klopfte und streichelte ihm den blanken Hals, aber es bedurfte dieser Liebkosung schon nicht mehr; das Pferd schien völlig eins mit seinem Reiter, und nachdem er eine Strecke nordwärts den Deich hinausgeritten war, wandte er es leicht und gelangte wieder an die Hofstatt.

Die Knechte standen unten an der Auffahrt und warteten der Rückkunft ihres Wirtes. „So, John", rief dieser, indem er von seinem Pferde sprang, „nun reite du es in die Fenne zu den andern; es trägt dich wie in einer Wiege!"

---

1 ein vorteilhafter Kauf, ein gutes Geschäft, „namentlich bei Kauf oder Tausch von Vieh und Korn" (M.)

2 nichts versäumt werden

Der Schimmel schüttelte den Kopf und wieherte laut in die sonnige Marschlandschaft hinaus, während ihm der Knecht den Sattel abschnallte und der Junge damit zur Geschirrkammer lief; dann legte er den Kopf auf seines Herrn Schulter und duldete behaglich dessen Liebkosung. Als aber der Knecht sich jetzt auf seinen Rücken schwingen wollte, sprang er mit einem jähen Satz zur Seite und stand dann wieder unbeweglich, die schönen Augen auf seinen Herrn gerichtet. „Hoho, Iven", rief dieser, „hat er dir Leids getan?", und suchte seinem Knecht vom Boden aufzuhelfen.
Der rieb sich eifrig an der Hüfte. „Nein, Herr, es geht noch; aber den Schimmel reit der Teufel!"
„Und ich!", setzte Hauke lachend hinzu. „So bring ihn am Zügel in die Fenne!"
Und als der Knecht etwas beschämt gehorchte, ließ sich der Schimmel ruhig von ihm führen.
– Einige Abende später standen Knecht und Junge miteinander vor der Stalltür; hinterm Deiche war das Abendrot erloschen, innerhalb desselben war schon der Koog von tiefer Dämmerung überwallt; nur selten kam aus der Ferne das Gebrüll eines aufgestörten Rindes oder der Schrei einer Lerche, deren Leben unter dem Überfall eines Wiesels oder einer Wasserratte endete. Der Knecht lehnte gegen den Türpfosten und rauchte aus einer kurzen Pfeife, deren Rauch er schon nicht mehr sehen konnte; gesprochen hatten er und der Junge noch nicht zusammen. Dem Letzteren aber drückte etwas auf die Seele, er wusste nur nicht, wie er dem schweigsamen Knechte ankommen sollte. „Du, Iven!", sagte er endlich, „weißt du, das Pferdsgeripp auf Jeverssand!"
„Was ist damit?", frug der Knecht.
„Ja, Iven, was ist damit? Es ist gar nicht mehr da; weder Tages noch bei Mondschein; wohl zwanzigmal bin ich auf den Deich hinausgelaufen!"
„Die alten Knochen sind wohl zusammengepoltert?", sagte Iven und rauchte ruhig weiter.
„Aber ich war auch bei Mondschein draußen; es geht auch drüben nichts auf Jeverssand!"

„Ja“, sagte der Knecht, „sind die Knochen auseinandergefallen, so wird's wohl nicht mehr aufstehen können!“

„Mach keinen Spaß, Iven! Ich weiß jetzt; ich kann dir sagen, wo es ist!“

Der Knecht drehte sich jäh zu ihm. „Nun, wo ist es denn?“

„Wo?“, wiederholte der Junge nachdrücklich. „Es steht in unserem Stall; da steht's, seit es nicht mehr auf der Hallig ist. Es ist auch nicht umsonst, dass der Wirt es allzeit selber füttert; ich weiß Bescheid, Iven!“

Der Knecht paffte eine Weile heftig in die Nacht hinaus. „Du bist nicht klug, Carsten“, sagte er dann, „unser Schimmel? Wenn je ein Pferd ein lebigs war, so ist es der! Wie kann so ein Allerweltsjunge wie du in solch Altem-Weiber-Glauben sitzen!“

– – Aber der Junge war nicht zu bekehren: Wenn der Teufel in dem Schimmel steckte, warum sollte er dann nicht lebendig sein? Im Gegenteil, um desto schlimmer! – Er fuhr jedesmal erschreckt zusammen, wenn er gegen Abend den Stall betrat, in dem auch sommers das Tier mitunter eingestellt wurde, und es dann den feurigen Kopf so jäh nach ihm herumwarf. „Hol's der Teufel!“, brummte er dann, „wir bleiben auch nicht lange mehr zusammen!“

So tat er sich denn heimlich nach einem neuen Dienste um, kündigte und trat um Allerheiligen als Knecht bei Ole Peters ein. Hier fand er andächtige Zuhörer für seine Geschichte von dem Teufelspferd des Deichgrafen; die dicke Frau Vollina und deren geistesstumpfer Vater, der frühere Deichgevollmächtigte Jeß Harders, hörten in behaglichem Gruseln zu und erzählten sie später allen, die gegen den Deichgrafen einen Groll im Herzen oder die an derart Dingen ihr Gefallen hatten.

Inzwischen war schon Ende März durch die Oberdeichgrafschaft der Befehl zur neuen Eindeichung eingetroffen. Hauke berief zunächst die Deichgevollmächtigten zusammen und im Kruge oben bei der Kirche waren eines Tages alle erschienen und hörten zu, wie er ihnen die Hauptpunkte aus den bisher erwachsenen Schriftstücken vorlas: aus seinem Antrage, aus dem Bericht des Oberdeichgrafen, zuletzt den schließlichen Bescheid, worin vor allem auch die Annahme des von ihm vorgeschlagenen Profiles enthalten war und der neue Deich nicht steil wie früher, sondern allmählich verlaufend nach der Seeseite abfallen sollte; aber mit heiteren oder auch nur zufriedenen Gesichtern hörten sie nicht.

„Ja, ja", sagte ein alter Gevollmächtigter, „da haben wir nun die Bescherung, und Proteste werden nicht helfen, da der Oberdeichgraf unserm Deichgrafen den Daumen hält!"

„Hast wohl recht, Detlev Wiens", setzte ein Zweiter hinzu, „die Frühlingsarbeit steht vor der Tür, und nun soll auch ein millionenlanger Deich[1] gemacht werden – da muss ja alles liegen bleiben."

„Das könnt ihr dies Jahr noch zu Ende bringen", sagte Hauke, „so rasch wird der Stecken nicht vom Zaun gebrochen!"

Das wollten einige zugeben. „Aber dein Profil!", sprach ein Dritter, was Neues auf die Bahn bringend, „der Deich wird ja auch an der Außenseite nach dem Wasser so breit, wie Lawrenz sein Kind nicht lang war! Wo soll das Material herkommen? Wann soll die Arbeit fertig werden?"

„Wenn nicht in diesem, so im nächsten Jahre; das wird am meisten von uns selber abhängen!", sagte Hauke.

Ein ärgerliches Lachen ging durch die Gesellschaft. „Aber wozu die unnütze Arbeit; der Deich soll ja nicht höher werden als der alte", rief eine neue Stimme, „und ich mein, der steht schon über dreißig Jahre!"

„Da sagt Ihr recht", sprach Hauke, „vor dreißig Jahren ist der alte Deich gebrochen; dann rückwärts vor fünfunddreißig, und wiederum vor fünfundvierzig Jahren; seitdem aber, obgleich er noch immer steil und unvernünftig dasteht, haben die höchsten Fluten uns verschont. Der neue Deich aber soll trotz solcher hundert

[1] Ad-hoc-Bildung, die die Länge mit den Kosten verbindet

und aber hundert Jahre stehen; denn er wird nicht durchbrochen werden, weil der milde Abfall nach der Seeseite den Wellen keinen Angriffspunkt entgegenstellt, und so werdet ihr für euch und euere Kinder ein sicheres Land gewinnen, und das ist es, weshalb die Herrschaft und der Oberdeichgraf mir den Daumen halten; das ist es auch, was ihr zu eurem eigenen Vorteil einsehen solltet!"

Als die Versammelten hierauf nicht sogleich zu antworten bereit waren, erhob sich ein alter weißhaariger Mann mühsam von seinem Stuhle; es war Frau Elkes Pate, Jewe Manners, der auf Haukes Bitten noch immer in seinem Gevollmächtigtenamt verblieben war. „Deichgraf Hauke Haien", sprach er, „du machst uns viel Unruhe und Kosten und ich wollte, du hättest damit gewartet, bis mich der Herrgott hätt zur Ruhe gehen lassen; aber – recht hast du, das kann nur die Unvernunft bestreiten. Wir haben Gott mit jedem Tag zu danken, dass er uns trotz unserer Trägheit das kostbare Stück Vorland gegen Sturm und Wasserdrang erhalten hat; jetzt aber ist es wohl die elfte Stunde, in der wir selbst die Hand anlegen müssen, es auch nach all unserm Wissen und Können selber uns zu wahren und auf Gottes Langmut weiter nicht zu trotzen. Ich, meine Freunde, bin ein Greis; ich habe Deiche bauen und brechen sehen; aber den Deich, den Hauke Haien nach ihm von Gott verliehener Einsicht projektiert und bei der Herrschaft für euch durchgesetzt hat, den wird niemand von euch Lebenden brechen sehen, und wolltet ihr ihm selbst nicht danken, euere Enkel werden ihm den Ehrenkranz doch einstens nicht versagen können!"

Jewe Manners setzte sich wieder, er nahm sein blaues Schnupftuch aus der Tasche und wischte sich ein paar Tropfen von der Stirn. Der Greis war noch immer als ein Mann von Tüchtigkeit und unantastbarer Rechtschaffenheit bekannt, und da die Versammlung eben nicht geneigt war, ihm zuzustimmen, so schwieg sie weiter. Aber Hauke Haien nahm das Wort; doch sahen alle, dass er bleich geworden. „Ich danke Euch, Jewe Manners", sprach er, „dass Ihr noch hier seid und dass Ihr das Wort gesprochen habt; ihr andern Herren Gevollmächtigten wollet den neuen Deichbau, der freilich mir zur Last fällt, zum Mindesten ansehen als ein Ding, das nun nicht mehr zu ändern steht, und lasset uns demgemäß beschließen, was nun not ist!"

„Sprechet!", sagte einer der Gevollmächtigten. Und Hauke breitete die Karte des neuen Deiches auf dem Tische aus. „Es hat vorhin einer gefragt", begann er, „woher die viele Erde nehmen? – Ihr seht, so weit das Vorland in die Watten hinausgeht, ist außerhalb der Deichlinie ein Streifen Landes frei gelassen; daher und von dem Vorlande, das nach Nord und Süd von dem neuen Kooge an dem Deiche hinläuft, können wir die Erde nehmen; haben wir an den Wasserseiten nur eine tüchtige Lage Klei, nach innen oder in der Mitte kann auch Sand genommen werden! – Nun aber ist zunächst ein Feldmesser zu berufen, der die Linie des neuen Deiches auf dem Vorland absteckt! Der mir bei Ausarbeitung des Planes behülflich gewesen, wird wohl am besten dazu passen. Ferner werden wir zur Heranholung des Kleis oder sonstigen Materials die Anfertigung einspänniger Sturzkarren mit Gabeldeichsel bei einigen Stellmachern[1] verdingen[2] müssen; wir werden für die Durchdämmung des Prieles und nach den Binnenseiten, wo wir etwa mit Sand fürlieb nehmen müssen, ich kann jetzt nicht sagen, wie viel hundert Fuder Stroh wir zur Bestickung des Deiches gebrauchen, vielleicht mehr, als in der Marsch hier wird entbehrlich sein! – Lasset uns denn beraten, wie zunächst dies alles zu beschaffen und einzurichten ist; auch die neue Schleuse hier an der Westseite gegen das Wasser zu ist später einem tüchtigen Zimmermann zur Herstellung zu übergeben."

Die Versammelten hatten sich um den Tisch gestellt, betrachteten mit halbem Aug die Karte und begannen, allgemach[3] zu sprechen; doch war's, als geschähe es, damit nur überhaupt etwas gesprochen werde. Als es sich um

1 Wagenbauer
2 in Auftrag geben
3 gemächlich

Zuziehung des Feldmessers handelte, meinte einer der Jüngeren: „Ihr habt es ausgesonnen, Deichgraf; Ihr müsset selbst am besten wissen, wer dazu taugen mag."

Aber Hauke entgegnete: „Da ihr Geschworene seid, so müsset ihr aus eigener, nicht aus meiner Meinung sprechen, Jakob Meyen; und wenn ihr's dann besser sagt, so werd ich meinen Vorschlag fallen lassen!"

„Nun ja, es wird schon recht sein", sagte Jakob Meyen.

Aber einem der Älteren war es doch nicht völlig recht; er hatte einen Bruderssohn[1]: So einer im Feldmessen sollte hier in der Marsch noch nicht gewesen sein, der sollte noch über des Deichgrafen Vater, den seligen Tede Haien, gehen!

So wurde denn über die beiden Feldmesser verhandelt und endlich beschlossen, ihnen gemeinschaftlich das Werk zu übertragen. Ähnlich ging es bei den Sturzkarren, bei der Strohlieferung und allem andern, und Hauke kam spät und fast erschöpft auf seinem Wallach, den er noch derzeit ritt, zu Hause an. Aber als er in dem alten Lehnstuhl saß, der noch von seinem gewichtigen, aber leichter lebenden Vorgänger stammte, war auch sein Weib ihm schon zur Seite. „Du siehst so müd aus, Hauke", sprach sie und strich mit ihrer schmalen Hand das Haar ihm von der Stirn.

„Ein wenig wohl!", erwiderte er.

– „Und geht es denn?"

„Es geht schon", sagte er mit bitterem Lächeln; „aber ich selber muss die Räder schieben und froh sein, wenn sie nicht zurückgehalten werden!"

– „Aber doch nicht von allen?"

„Nein, Elke; dein Pate, Jewe Manners, ist ein guter Mann; ich wollt, er wär um dreißig Jahre jünger."

Als nach einigen Wochen die Deichlinie abgesteckt und der größte Teil der Sturzkarren geliefert war, waren sämtliche Anteilbesitzer des einzudeichenden Kooges, ingleichen die Besitzer der hinter dem alten Deich belegenen

---

1 Neffe

Ländereien, durch den Deichgrafen im Kirchspielskrug versammelt worden; es galt, ihnen einen Plan über die Verteilung der Arbeit und Kosten vorzulegen und ihre etwaigen Einwendungen zu vernehmen; denn auch die Letzteren hatten, sofern der neue Deich und die neuen Siele die Unterhaltungskosten der älteren Werke verminderten, ihren Teil zu schaffen und zu tragen. Dieser Plan war für Hauke ein schwer Stück Arbeit gewesen, und wenn ihm durch Vermittelung des Oberdeichgrafen neben einem Deichboten nicht auch noch ein Deichschreiber wäre zugeordnet worden, er würde es so bald nicht fertiggebracht haben, obwohl auch jetzt wieder an jedem neuen Tage in die Nacht hinein gearbeitet war. Wenn er dann todmüde sein Lager suchte, so hatte nicht wie vordem sein Weib in nur verstelltem Schlafe seiner gewartet; auch sie hatte so vollgemessen ihre tägliche Arbeit, dass sie nachts wie am Grunde eines tiefen Brunnens in unstörbarem Schlafe lag.
Als Hauke jetzt seinen Plan verlesen und die Papiere, die freilich schon drei Tage hier im Kruge zur Einsicht ausgelegen hatten, wieder auf den Tisch breitete, waren zwar ernste Männer zugegen, die mit Ehrerbietung diesen gewissenhaften Fleiß betrachteten und sich nach ruhiger Überlegung den billigen Ansätzen ihres Deichgrafen unterwarfen; andere aber, deren Anteile an dem neuen Lande von ihnen selbst oder ihren Vätern oder sonstigen Vorbesitzern waren veräußert worden, beschwerten sich, dass sie zu den Kosten des neuen Kooges hinzugezogen seien, dessen Land sie nichts mehr angehe, uneingedenk, dass durch die neuen Arbeiten auch ihre alten Ländereien nach und nach entbürdet[1] würden; und wieder andere, die mit Anteilen in dem neuen Koog gesegnet waren, schrien, man möge ihnen doch dieselben abnehmen, sie sollten um ein geringes feil sein; denn wegen der unbilligen[2] Leistungen, die ihnen dafür aufgebürdet würden, könnten sie nicht damit bestehen. Ole Peters aber, der mit grimmigem Gesicht

1 entlastet
2 unrecht, unbegründet

am Türpfosten lehnte, rief dazwischen: „Besinnt euch erst und dann vertrauet unserm Deichgrafen! Der versteht zu rechnen; er hatte schon die meisten Anteile, da wusste er auch mir die meinen abzuhandeln, und als er sie hatte, beschloss er, diesen neuen Koog zu deichen!"

Es war nach diesen Worten einen Augenblick totenstill in der Versammlung. Der Deichgraf stand an dem Tisch, auf dem er zuvor seine Papiere gebreitet hatte; er hob seinen Kopf und sah nach Ole Peters hinüber. „Du weißt wohl, Ole Peters", sprach er, „dass du mich verleumdest; du tust es dennoch, weil du überdies auch weißt, dass doch ein gut Teil des Schmutzes, womit du mich bewirfst, an mir wird hängen bleiben! Die Wahrheit ist, dass du deine Anteile los sein wolltest und dass ich ihrer derzeit für meine Schafzucht bedurfte; und willst du Weiteres wissen, das ungewaschene Wort, das dir im Krug vom Mund gefahren, ich sei nur Deichgraf meines Weibes wegen, das hat mich aufgerüttelt, und ich hab euch zeigen wollen, dass ich wohl um meiner selbst willen Deichgraf sein könne; und somit, Ole Peters, hab ich getan, was schon der Deichgraf vor mir hätte tun sollen. Trägst du mir aber Groll, dass derzeit deine Anteile die meinen geworden sind – du hörst es ja, es sind genug, die jetzt die ihrigen um ein billiges feilbieten, nur weil die Arbeit ihnen jetzt zu viel ist!"

Von einem kleinen Teil der versammelten Männer ging ein Beifallsmurmeln aus, und der alte Jewe Manners, der dazwischen stand, rief laut: „Bravo, Hauke Haien! Unser Herrgott wird dir dein Werk gelingen lassen!"

Aber man kam doch nicht zu Ende, obgleich Ole Peters schwieg und die Leute erst zum Abendbrote auseinandergingen; erst in einer zweiten Versammlung wurde alles geordnet; aber auch nur, nachdem Hauke statt der ihm zukommenden drei Gespanne für den nächsten Monat deren vier auf sich genommen hatte.

Endlich, als schon die Pfingstglocken durch das Land läuteten, hatte die Arbeit begonnen: Unablässig fuhren die Sturzkarren von dem Vorlande an die Deichlinie, um den geholten Klei dort abzustürzen, und gleicherweise war dieselbe Anzahl schon wieder auf der Rückfahrt, um auf dem Vorland neuen aufzuladen; an der Deichlinie selber standen Männer mit Schaufeln und Spaten, um das Abgeworfene an seinen Platz zu bringen und zu ebnen; ungeheuere Fuder Stroh wurden angefahren und abgeladen; nicht nur zur Bedeckung des leichteren Materials, wie Sand und lose Erde, dessen man an den Binnenseiten sich bediente, wurde das Stroh benutzt; allmählich wurden einzelne Strecken des Deiches fertig, und die Grassoden[1], womit man sie belegt hatte, wurden stellenweis zum Schutz gegen die nagenden Wellen mit fester Strohbestickung überzogen. Bestellte Aufseher gingen hin und her, und wenn es stürmte, standen sie mit aufgerissenen Mäulern und schrien ihre Befehle durch Wind und Wetter; dazwischen ritt der Deichgraf auf seinem Schimmel, den er jetzt ausschließlich in Gebrauch hatte, und das Tier flog mit dem Reiter hin und wider, wenn er rasch und trocken seine Anordnungen machte, wenn er die Arbeiter lobte oder, wie es wohl geschah, einen Faulen oder Ungeschickten ohn Erbarmen aus der Arbeit wies. „Das hilft nicht!", rief er dann, „um deine Faulheit darf uns nicht der Deich verderben!" Schon von Weitem, wenn er unten aus dem Koog heraufkam, hörten sie das Schnauben seines Rosses, und alle Hände fassten fester in die Arbeit: „Frisch zu! Der Schimmelreiter kommt!"

War es um die Frühstückszeit, wo die Arbeiter mit ihrem Morgenbrot haufenweis beisammen auf der Erde lagen, dann ritt Hauke an den verlassenen Werken entlang, und seine Augen waren scharf, wo liederliche Hände den Spaten geführt hatten. Wenn er aber zu den Leuten ritt und ihnen auseinandersetzte, wie die Arbeit müsse beschafft werden, sahen sie wohl zu ihm auf und kauten geduldig an ihrem Brote weiter; aber eine Zustimmung oder auch nur eine Äußerung hörte er nicht von ihnen. Einmal zu solcher Tageszeit, es war schon spät, da er an einer Deichstelle die Arbeit in besonderer Ordnung gefunden hatte, ritt er zu dem nächsten Haufen der Frühstückenden, sprang von seinem Schimmel und frug hei-

[1] abgestochene Rasenstücke

ter, wer dort so sauberes Tagewerk verrichtet hätte; aber sie sahen ihn nur scheu und düster an, und nur langsam und wie widerwillig wurden ein paar Namen genannt. Der Mensch, dem er sein Pferd gegeben hatte, das ruhig wie ein Lamm stand, hielt es mit beiden Händen und blickte wie angstvoll nach den schönen Augen des Tieres, die es, wie gewöhnlich, auf seinen Herrn gerichtet hielt.

„Nun, Marten!", rief Hauke, „was stehst du, als ob dir der Donner in die Beine gefahren sei?"

– „Herr, Euer Pferd, es ist so ruhig, als ob es Böses vorhabe!"

Hauke lachte und nahm das Pferd selbst am Zügel, das sogleich liebkosend den Kopf an seiner Schulter rieb. Von den Arbeitern sahen einige scheu zu Ross und Reiter hinüber, andere, als ob das alles sie nicht kümmere, aßen schweigend ihre Frühkost, dann und wann den Möwen einen Brocken hinaufwerfend, die sich den Futterplatz gemerkt hatten und mit ihren schlanken Flügeln sich fast auf ihre Köpfe senkten. Der Deichgraf blickte eine Weile wie gedankenlos auf die bettelnden Vögel und wie sie die zugeworfenen Bissen mit ihren Schnäbeln haschten; dann sprang er in den Sattel und ritt, ohne sich nach den Leuten umzusehen, davon; einige Worte, die jetzt unter ihnen laut wurden, klangen ihm fast wie Hohn. „Was ist das?", sprach er bei sich selber. „Hatte denn Elke recht, dass sie alle gegen mich sind? Auch diese Knechte und kleinen Leute, von denen vielen durch meinen neuen Deich doch eine Wohlhabenheit ins Haus wächst?"

Er gab seinem Pferde die Sporen, dass es wie toll in den Koog hinabflog. Von dem unheimlichen Glanze freilich, mit dem sein früherer Dienstjunge den Schimmelreiter bekleidet hatte, wusste er selber nichts; aber die Leute hätten ihn jetzt nur sehen sollen, wie aus seinem hageren Gesicht die Augen starrten, wie sein Mantel flog und wie der Schimmel sprühte!

– – So war der Sommer und der Herbst vergangen; noch bis gegen Ende November war gearbeitet worden, dann geboten Frost und Schnee dem Werke Halt; man war nicht fertig geworden und beschloss, den Koog offen liegen zu lassen. Acht Fuß ragte der Deich aus der Fläche hervor; nur wo westwärts gegen das Wasser hin die Schleuse gelegt werden sollte, hatte man eine Lücke gelassen; auch oben vor dem alten Deiche war der Priel noch unberührt. So konnte die Flut, wie in den letzten dreißig Jahren, in den Koog hineindringen, ohne dort oder an dem neuen Deiche großen Schaden anzurichten. Und so überließ man dem großen Gott das Werk der Menschenhände und stellte es in seinen Schutz, bis die Frühlingssonne die Vollendung würde möglich machen. – – Inzwischen hatte im Hause des Deichgrafen sich ein frohes Ereignis vorbereitet: Im neunten Ehejahre war noch ein Kind geboren worden. Es war rot und hutzelig[1] und wog seine sieben Pfund, wie es für neugeborene Kinder sich gebührt, wenn sie, wie dies, dem weiblichen Geschlechte angehören; nur sein Geschrei war wunderlich verhohlen[2] und hatte der Wehmutter[3] nicht gefallen wollen. Das Schlimmste war: Am dritten Tage lag Elke im hellen Kindbettfieber, redete Irrsal und kannte weder ihren Mann noch ihre alte Helferin. Die unbändige Freude, die Hauke beim Anblick seines Kindes ergriffen hatte, war zu Trübsal geworden; der Arzt aus der Stadt war geholt, er saß am Bett und fühlte den Puls und verschrieb und sah ratlos um sich her. Hauke schüttelte den Kopf: „Der hilft nicht; nur Gott kann helfen!“ Er hatte sich sein eigen Christentum zurechtgerechnet, aber es war etwas, das sein Gebet zurückhielt. Als der alte Doktor davongefahren war, stand er am Fenster, in den winterlichen Tag hinausstarrend, und während die Kranke aus ihren Fantasien aufschrie, schränkte er die Hände zusammen; er wusste selber nicht, war es aus Andacht oder war es nur, um in der ungeheuren Angst sich selbst nicht zu verlieren.

„Wasser! Das Wasser!“, wimmerte die Kranke. „Halt mich!“, schrie sie, „halt mich, Hauke!“ Dann sank die

1 runzelig, faltig
2 von „verhehlen“: verborgen, „schwach“
3 Hebamme

Stimme; es klang, als ob sie weine: „In See, ins Haff hinaus? O lieber Gott, ich seh ihn nimmer wieder!"

Da wandte er sich und schob die Wärterin von ihrem Bette; er fiel auf seine Knie, umfasste sein Weib und riss sie an sich. „Elke! Elke, so kenn mich doch, ich bin ja bei dir!"

Aber sie öffnete nur die fieberglühenden Augen weit und sah wie rettungslos verloren um sich.

Er legte sie zurück auf ihre Kissen; dann krampfte er die Hände ineinander. „Herr, mein Gott", schrie er, „nimm sie mir nicht! Du weißt, ich kann sie nicht entbehren!" Dann war's, als ob er sich besinne, und leiser setzte er hinzu: „Ich weiß ja wohl, du kannst nicht allezeit, wie du willst, auch du nicht; du bist allweise; du musst nach deiner Weisheit tun – o Herr, sprich nur durch einen Hauch zu mir!"

Es war, als ob plötzlich Stille eingetreten sei; er hörte nur ein leises Atmen; als er sich zum Bette kehrte, lag sein Weib in ruhigem Schlaf, nur die Wärterin sah mit entsetzten Augen auf ihn. Er hörte die Tür gehen. „Wer war das?", frug er.

„Herr, die Magd Ann Grete ging hinaus; sie hatte den Warmkorb[1] hereingebracht."

– „Was sieht Sie mich denn so verfahren an, Frau Levke?"

„Ich? Ich hab mich ob Eurem Gebet erschrocken; damit betet Ihr keinen vom Tode los!"

Hauke sah sie mit seinen durchdringenden Augen an: „Besucht Sie denn auch, wie unsere Ann Grete, die Konventikel bei dem holländischen Flickschneider Jantje?"

„Ja, Herr; wir haben beide den lebendigen Glauben!"

Hauke antwortete ihr nicht. Das damals stark im Schwange gehende separatistische Konventikelwesen[2] hatte auch unter den Friesen seine Blüten getrieben; heruntergekommene Handwerker oder wegen Trunkes ab-

---

1 Vorläufer der Wärmflasche, die ihrerseits durch das Heizkissen ersetzt wurde

2 Vereinigungen religiös Gleichgesinnter, die sich von der offiziellen Kirche absondern; Sektenwesen

gesetzte Schulmeister spielten darin die Hauptrolle und Dirnen, junge und alte Weiber, Faulenzer und einsame Menschen liefen eifrig in die heimlichen Versammlungen, in denen jeder den Priester spielen konnte. Aus des Deichgrafen Hause brachten Ann Grete und der in sie verliebte Dienstjunge ihre freien Abende dort zu. Freilich hatte Elke ihre Bedenken darüber gegen Hauke nicht zurückgehalten; aber er hatte gemeint, in Glaubenssachen solle man keinem dreinreden: Das schade niemandem, und besser dort doch als im Schnapskrug!

So war es dabei geblieben, und so hatte er auch jetzt geschwiegen. Aber freilich über ihn schwieg man nicht; seine Gebetsworte liefen um von Haus zu Haus: Er hatte Gottes Allmacht bestritten; was war ein Gott denn ohne Allmacht? Er war ein Gottesleugner; die Sache mit dem Teufelspferde mochte auch am Ende richtig sein!

Hauke erfuhr nichts davon; er hatte in diesen Tagen nur Ohren und Augen für sein Weib, selbst das Kind war für ihn nicht mehr auf der Welt.

Der alte Arzt kam wieder, kam jeden Tag, mitunter zweimal, blieb dann eine ganze Nacht, schrieb wieder ein Rezept, und der Knecht Iven Johns ritt damit im Flug zur Apotheke. Dann aber wurde sein Gesicht freundlicher, er nickte dem Deichgrafen vertraulich zu: „Es geht! Es geht! Mit Gottes Hülfe!“ Und eines Tags – hatte nun seine Kunst die Krankheit besiegt oder hatte auf Haukes Gebet der liebe Gott doch noch einen Ausweg finden können –, als der Doktor mit der Kranken allein war, sprach er zu ihr, und seine alten Augen lachten: „Frau, jetzt kann ich's getrost Euch sagen: Heut hat der Doktor seinen Festtag; es stand schlimm um Euch, aber nun gehöret Ihr wieder zu uns, zu den Lebendigen!“

Da brach es wie ein Strahlenmeer aus ihren dunklen Augen: „Hauke! Hauke, wo bist du?“, rief sie, und als er auf den hellen Ruf ins Zimmer und an ihr Bett stürzte, schlug sie die Arme um seinen Nacken. „Hauke, mein Mann, gerettet! Ich bleibe bei dir!“

Da zog der alte Doktor sein seiden Schnupftuch aus der Tasche, fuhr sich damit über Stirn und Wangen und ging kopfnickend aus dem Zimmer.

– – Am dritten Abend nach diesem Tage sprach ein frommer Redner – es war ein vom Deichgrafen aus der Arbeit gejagter Pantoffelmacher – im Konventikel bei dem holländischen Schneider, da er seinen Zuhörern die Eigenschaften Gottes auseinandersetzte: „Wer aber Gottes Allmacht widerstreitet, wer das sagt: Ich weiß, du kannst nicht, was du willst – wir kennen den Unglückseligen ja alle; er lastet gleich einem Stein auf der Gemeinde –, der ist von Gott gefallen und suchet den Feind Gottes, den Freund der Sünde, zu seinem Tröster; denn nach irgendeinem Stabe muss die Hand des Menschen greifen. Ihr aber, hütet euch vor dem, der also betet; sein Gebet ist Fluch!"

– – Auch das lief um von Haus zu Haus. Was läuft nicht um in einer kleinen Gemeinde? Und auch zu Haukes Ohren kam es. Er sprach kein Wort darüber, nicht einmal zu seinem Weibe; nur mitunter konnte er sie heftig umfassen und an sich ziehen: „Bleib mir treu, Elke! Bleib mir treu!" – Dann sahen ihre Augen voll Staunen zu ihm auf: „Dir treu? Wem sollte ich denn anders treu sein?" – Nach einer kurzen Weile aber hatte sie sein Wort verstanden. „Ja, Hauke, wir sind uns treu; nicht nur, weil wir uns brauchen." Und dann ging jedes seinen Arbeitsweg.

Das wäre so weit gut gewesen; aber es war doch trotz aller lebendigen Arbeit eine Einsamkeit um ihn, und in seinem Herzen nistete sich ein Trotz und abgeschlossenes Wesen gegen andere Menschen ein; nur gegen sein Weib blieb er allezeit der Gleiche, und an der Wiege seines Kindes lag er abends und morgens auf den Knien, als sei dort die Stätte seines ewigen Heils. Gegen Gesinde und Arbeiter aber wurde er strenger; die Ungeschickten und Fahrlässigen, die er früher durch ruhigen Tadel zurechtgewiesen hatte, wurden jetzt durch hartes Anfahren aufgeschreckt und Elke ging mitunter leise bessern.

Als der Frühling nahte, begannen wieder die Deicharbeiten; mit einem Kajedeich[1] wurde zum Schutz der jetzt

[1] Notdamm, Schutzdeich: „Vorsatz von Pfahlwerk bei Deich- und Wasserbauten" (M.). Vgl. „Interimsdeich"

aufzubauenden neuen Schleuse die Lücke in der westlichen Deichlinie geschlossen, halbmondförmig nach innen und ebenso nach außen; und gleich der Schleuse wuchs allmählich auch der Hauptdeich zu seiner immer rascher herzustellenden Höhe empor. Leichter wurde dem leitenden Deichgrafen seine Arbeit nicht, denn anstelle des im Winter verstorbenen Jewe Manners war Ole Peters als Deichgevollmächtigter eingetreten. Hauke hatte nicht versuchen wollen, es zu hindern; aber anstatt der ermutigenden Worte und der dazugehörigen zutunlichen Schläge auf seine linke Schulter, die er so oft von dem alten Paten seines Weibes einkassiert hatte, kamen ihm jetzt von dem Nachfolger ein heimliches Widerhalten[1] und unnötige Einwände und waren mit unnötigen Gründen zu bekämpfen; denn Ole gehörte zwar zu den Wichtigen, aber in Deichsachen nicht zu den Klugen; auch war von früher her der „Schreiberknecht" ihm immer noch im Wege.

Der glänzendste Himmel breitete sich wieder über Meer und Marsch und der Koog wurde wieder bunt von starken Rindern, deren Gebrüll von Zeit zu Zeit die weite Stille unterbrach; unablässig sangen in hoher Himmelsluft die Lerchen, aber man hörte es erst, wenn einmal auf eines Atemzuges Länge der Gesang verstummt war. Kein Unwetter störte die Arbeit und die Schleuse stand schon mit ihrem ungestrichenen Balkengefüge, ohne dass auch nur in einer Nacht sie eines Schutzes von dem Interimsdeich bedurft hätte; der Herrgott schien seine Gunst dem neuen Werke zuzuwenden. Auch Frau Elkes Augen lachten ihrem Manne zu, wenn er auf seinem Schimmel draußen von dem Deich nach Hause kam. „Bist doch ein braves Tier geworden!", sagte sie dann und klopfte den blanken Hals des Pferdes. Hauke aber, wenn sie das Kind am Halse hatte, sprang herab und ließ das winzige Dinglein auf seinen Armen tanzen; wenn dann der Schimmel seinen braunen Augen auf das Kind gerichtet hielt, dann sprach er wohl: „Komm her; sollst auch die Ehre haben!" Und er setzte die kleine

[1] Gegenhalten, Widerstand

Wienke – denn so war sie getauft worden – auf seinen Sattel und führte den Schimmel auf der Werft im Kreise herum. Auch der alte Eschenbaum hatte mitunter die Ehre; er setzte das Kind auf einen schwankenden Ast und ließ es schaukeln. Die Mutter stand mit lachenden Augen in der Haustür; das Kind aber lachte nicht, seine Augen, zwischen denen ein feines Näschen stand, schauten ein wenig stumpf ins Weite und die kleinen Hände griffen nicht nach dem Stöckchen, das der Vater ihr hinhielt. Hauke achtete nicht darauf, er wusste auch nichts von so kleinen Kindern; nur Elke, wenn sie das helläugige Mädchen auf dem Arm ihrer Arbeitsfrau erblickte, die mit ihr zugleich das Wochenbett bestanden hatte, sagte mitunter schmerzlich: „Das meine ist noch nicht so weit wie deines, Stina!" Und die Frau, ihren dicken Jungen, den sie an der Hand hatte, mit derber Liebe schüttelnd, rief dann wohl: „Ja, Frau, die Kinder sind verschieden; der da, der stahl mir schon die Äpfel aus der Kammer, bevor er übers zweite Jahr hinaus war!" Und Elke strich dem dicken Buben sein Kraushaar aus den Augen und drückte dann heimlich ihr stilles Kind ans Herz.

– – Als es in den Oktober hineinging, stand an der Westseite die neue Schleuse schon fest in dem von beiden Seiten schließenden Hauptdeich, der bis auf die Lücken bei dem Priele nun mit seinem sanften Profile ringsum nach den Wasserseiten abfiel und um fünfzehn Fuß die ordinäre Flut überragte. Von seiner Nordwestecke sah man an Jevershallig vorbei ungehindert in das Wattenmeer hinaus; aber freilich auch die Winde fassten hier schärfer; die Haare flogen, und wer hier ausschauen wollte, der musste die Mütze fest auf dem Kopf haben.

Zu Ende November, wo Sturm und Regen eingefallen waren, blieb nur noch hart am alten Deich die Schlucht zu schließen, auf deren Grunde an der Nordseite das Meerwasser durch den Priel in den neuen Koog hineinschoss. Zu beiden Seiten standen die Wände des Deiches; der Abgrund zwischen ihnen musste jetzt verschwinden. Ein trocken Sommerwetter hätte die Arbeit wohl erleichtert; aber auch so musste sie getan werden, denn ein aufbrechender Sturm konnte das ganze Werk gefährden. Und Hauke setzte alles daran, um jetzt den Schluss herbeizuführen. Der Regen strömte, der Wind pfiff; aber seine hagere Gestalt auf dem feurigen Schimmel tauchte bald hier, bald dort aus den schwarzen Menschenmassen empor, die oben wie unten an der Nordseite des Deiches neben der Schlucht beschäftigt waren. Jetzt sah man ihn unten bei den Sturzkarren, die schon weither die Kleierde aus dem Vorlande holen mussten und von denen eben ein gedrängter Haufen bei dem Priele anlangte und seine Last dort abzuwerfen suchte. Durch das Geklatsch des Regens und das Brausen des Windes klangen von Zeit zu Zeit die scharfen Befehlsworte des Deichgrafen, der heute hier allein gebieten wollte; er rief die Karren nach den Nummern vor und wies die Drängenden zurück; ein „Halt!" scholl von seinem Munde, dann ruhte unten die Arbeit; „Stroh! Ein Fuder Stroh hinab!", rief er denen droben zu, und von einem der oben haltenden Fuder stürzte es auf den nassen Klei hinunter. Unten sprangen Männer dazwischen und zerrten es auseinander und schrien nach oben, sie nur nicht zu begraben. Und wieder kamen neue Karren, und Hauke war schon wieder oben und sah von seinem Schimmel in die Schlucht hinab und wie sie dort schaufelten und stürzten; dann warf er seine Augen nach dem Haff hinaus. Es wehte scharf, und er sah, wie mehr und mehr der Wassersaum am Deich hinaufklimmte und wie die Wellen sich noch höher hoben; er sah auch, wie die Leute trieften und kaum atmen konnten in der schweren Arbeit vor dem Winde, der ihnen die Luft am Munde abschnitt, und vor dem kalten Regen, der sie überströmte. „Ausgehalten, Leute! Ausgehalten!", schrie er zu ihnen hinab. „Nur einen Fuß noch höher; dann ist's genug für diese Flut!" Und durch alles Getöse des Wetters hörte man das Geräusch der Arbeiter: Das Klatschen der hineingestürzten Kleimassen, das Rasseln der Karren und das Rauschen des von oben hinabgelassenen Strohes ging unaufhaltsam vorwärts; dazwischen war mitunter das Winseln eines kleinen gelben Hundes laut geworden, der frierend und wie verloren zwischen Menschen und Fuhrwerken herumgestoßen wurde; plötzlich aber scholl ein jammervoller Schrei des kleinen Tieres von unten aus der Schlucht herauf. Hauke blickte hinab; er hatte es von oben hinunterschleudern sehen; eine jähe Zornröte stieg ihm ins Gesicht. „Halt! Haltet ein!", schrie er zu den Karren hinunter; denn der nasse Klei wurde unaufhaltsam aufgeschüttet.

„Warum?", schrie eine raue Stimme von unten herauf, „doch um die elende Hundekreatur nicht?"

„Halt! sag ich", schrie Hauke wieder, „bringt mir den Hund! Bei unserm Werke soll kein Frevel sein!"

Aber es rührte sich keine Hand; nur ein paar Spaten zähen Kleis flogen noch neben das schreiende Tier. Da gab er seinem Schimmel die Sporen, dass das Tier einen Schrei ausstieß, und stürmte den Deich hinab, und alles wich vor ihm zurück. „Den Hund!", schrie er, „ich will den Hund!"

Eine Hand schlug sanft auf seine Schulter, als wäre es die Hand des alten Jewe Manners; doch als er umsah, war es nur ein Freund des Alten. „Nehmt Euch in Acht, Deichgraf!", raunte der ihm zu, „Ihr habt nicht Freunde unter diesen Leuten; lasst es mit dem Hunde gehen!"

Der Wind pfiff, der Regen klatschte; die Leute hatten die Spaten in den Grund gesteckt, einige sie fortgeworfen. Hauke neigte sich zu dem Alten. „Wollt Ihr meinen Schimmel halten, Harke Jens?", frug er; und als jener noch kaum den Zügel in der Hand hatte, war Hauke schon in die Kluft gesprungen und hielt das kleine winselnde Tier in seinem Arm; und fast im selben Augenblicke saß er auch wieder hoch im Sattel und sprengte auf den Deich zurück. Seine Augen flogen über die Männer, die bei den Wagen standen. „Wer war es?", rief er. „Wer hat die Kreatur hinabgeworfen?"

Einen Augenblick schwieg alles, denn aus dem hageren Gesicht des Deichgrafen sprühte der Zorn, und sie hatten abergläubische Furcht vor ihm. Da trat von einem Fuhrwerk ein stiernackiger Kerl vor ihn hin. „Ich tat es nicht, Deichgraf", sagte er und biss von einer Rolle Kautabak ein Endchen ab, das er sich erst ruhig in den

Mund schob, „aber der es tat, hat recht getan; soll Euer Deich sich halten, so muss was Lebiges hinein!"
– „Was Lebiges? Aus welchem Katechismus hast du das gelernt?"
„Aus keinem, Herr!", entgegnete der Kerl, und aus seiner Kehle stieß ein freches Lachen, „das haben unsere Großväter schon gewusst, die sich mit Euch im Christentum wohl messen durften! Ein Kind ist besser noch; wenn das nicht da ist, tut's auch wohl ein Hund!"
„Schweig du mit deinen Heidenlehren", schrie ihn Hauke an, „es stopfte besser, wenn man dich hineinwürfe!"
„Oho!", erscholl es; aus einem Dutzend Kehlen war der Laut gekommen und der Deichgraf gewahrte ringsum grimmige Gesichter und geballte Fäuste; er sah wohl, dass das keine Freunde waren; der Gedanke an seinen Deich überfiel ihn wie ein Schrecken; was sollte werden, wenn jetzt alle ihre Spaten hinwürfen? – Und als er nun den Blick nach unten richtete, sah er wieder den Freund des alten Jewe Manners; der ging dort zwischen den Arbeitern, sprach zu dem und jenem, lachte hier einem zu, klopfte dort mit freundlichem Gesicht einem auf die Schulter, und einer nach dem andern fasste wieder seinen Spaten; noch einige Augenblicke und die Arbeit war wieder in vollem Gange. – Was wollte er denn noch? Der Priel musste geschlossen werden und den Hund barg er sicher genug in den Falten seines Mantels. Mit plötzlichem Entschluss wandte er seinen Schimmel gegen den nächsten Wagen: „Stroh an die Kante!", rief er herrisch, und wie mechanisch gehorchte ihm der Fuhrknecht; bald rauschte es hinab in die Tiefe, und von allen Seiten regte es sich aufs Neue und mit allen Armen.
Eine Stunde war noch so gearbeitet; es war nach sechs Uhr, und schon brach tiefe Dämmerung herein; der Regen hatte aufgehört, da rief Hauke die Aufseher an sein Pferd: „Morgen früh vier Uhr", sagte er, „ist alles wieder auf dem Platz; der Mond wird noch am Himmel sein; da machen wir mit Gott den Schluss! Und dann noch eines!", rief er, als sie gehen wollten: „Kennt ihr den Hund?", und er nahm das zitternde Tier aus seinem Mantel.

Sie verneinten das; nur einer sagte: „Der hat sich taglang schon im Dorf herumgebettelt; der gehört gar keinem!“

„Dann ist er mein!“, entgegnete der Deichgraf. „Vergesset nicht: morgen früh vier Uhr!“, und ritt davon.

Als er heimkam, trat Ann Grete aus der Tür: Sie hatte saubere Kleidung an und es fuhr ihm durch den Kopf, sie gehe jetzt zum Konventikelschneider. „Halt die Schürze auf!“, rief er ihr zu, und da sie es unwillkürlich tat, warf er das kleibeschmutzte Hündlein ihr hinein: „Bring ihn der kleinen Wienke; er soll ihr Spielkamerad werden! Aber wasch und wärm ihn zuvor; so tust du auch ein gottgefällig Werk, denn die Kreatur ist schier verklommen.“

Und Ann Grete konnte nicht lassen, ihrem Wirt Gehorsam zu leisten, und kam deshalb heute nicht in den Konventikel.

Und am andern Tage wurde der letzte Spatenstich am neuen Deich getan; der Wind hatte sich gelegt; in anmutigem Fluge schwebten Möwen und Avosetten[1] über Land und Wasser hin und wider; von Jevershallig tönte das tausendstimmige Geknorr der Rottgänse[2], die sich's noch heute an der Küste der Nordsee wohl sein ließen, und aus den weißen Morgennebeln, welche die weite Marsch bedeckten, stieg allmählich ein goldner Herbsttag und beleuchtete das neue Werk der Menschenhände. Nach einigen Wochen kamen mit dem Oberdeichgrafen die herrschaftlichen Kommissäre zur Besichtigung desselben; ein großes Festmahl, das erste nach dem Leichenmahl des alten Tede Volkerts, wurde im deichgräflichen Hause gehalten; alle Deichgevollmächtigten und die größten Interessenten waren dazu geladen. Nach Tische wurden sämtliche Wagen der Gäste und des Deichgrafen angespannt; Frau Elke wurde von dem Oberdeichgrafen in die Karriole[3] gehoben, vor der der braune

1 Säbelschnäbler: Recurvirostra avosetta

2 Ringelgans: Branta bernicla

3 leichter, zweirädriger Wagen

Wallach mit seinen Hufen stampfte; dann sprang er selber hintennach und nahm die Zügel in die Hand; er wollte die gescheite Frau seines Deichgrafen selber fahren. So ging es munter von der Werfte und in den Weg hinaus, den Akt zum neuen Deich hinan und auf demselben um den jungen Koog herum. Es war inmittelst ein leichter Nordwestwind aufgekommen und an der Nord- und Westseite des neuen Deiches wurde die Flut hinaufgetrieben; aber es war unverkennbar, der sanfte Abfall bedingte einen sanfteren Anschlag; aus dem Munde der herrschaftlichen Kommissäre strömte das Lob des Deichgrafen, dass die Bedenken, welche hie und da von den Gevollmächtigten dagegen langsam vorgebracht wurden, gar bald darin erstickten.

– Auch das ging vorüber; aber noch eine Genugtuung empfing der Deichgraf eines Tages, da er in stillem, selbstbewusstem Sinnen auf dem neuen Deich entlangritt. Es mochte ihm wohl die Frage kommen, weshalb der Koog, der ohne ihn nicht da wäre, in dem sein Schweiß und seine Nachtwachen steckten, nun schließlich nach einer der herrschaftlichen Prinzessinnen „der neue Karolinenkoog“ getauft sei; aber es war doch so: Auf allen dahin gehörigen Schriftstücken stand der Name, auf einigen sogar in roter Frakturschrift. Da, als er aufblickte, sah er zwei Arbeiter mit ihren Feldgerätschaften, der eine etwa zwanzig Schritte hinter dem andern, sich entgegenkommen. „So wart doch!“, hörte er den Nachfolgenden rufen; der andere aber – er stand eben an einem Akt, der in den Koog hinunterführte – rief ihm entgegen: „Ein andermal, Jens! Es ist schon spät; ich soll hier Klei schlagen!“

– „Wo denn?“

„Nun hier, im Hauke-Haien-Koog!“

Er rief es laut, indem er den Akt hinabtrabte, als solle die ganze Marsch es hören, die darunterlag. Hauke aber war es, als höre er seinen Ruhm verkünden; er hob sich im Sattel, gab seinem Schimmel die Sporen und sah mit festen Augen über die weite Landschaft hin, die zu seiner Linken lag. „Hauke-Haien-Koog!“, wiederholte er leis; das klang, als könnt es alle Zeit nicht anders heißen!

Mochten sie trotzen, wie sie wollten, um seinen Namen war doch nicht herumzukommen; der Prinzessinnen-Name – würde er nicht bald nur noch in alten Schriften modern? – Der Schimmel ging in stolzem Galopp; vor seinen Ohren aber summte es: „Hauke-Haien-Koog! Hauke-Haien-Koog!" In seinen Gedanken wuchs fast der neue Deich zu einem achten Weltwunder; in ganz Friesland war nicht seinesgleichen! Und er ließ den Schimmel tanzen; ihm war, er stünde inmitten aller Friesen; er überragte sie um Kopfeshöhe und seine Blicke flogen scharf und mitleidig über sie hin.

– – Allmählich waren drei Jahre seit der Eindeichung hingegangen; das neue Werk hatte sich bewährt, die Reparaturkosten waren nur gering gewesen; im Kooge aber blühte jetzt fast überall der weiße Klee, und ging man über die geschützten Weiden, so trug der Sommerwind einem ganze Wolken süßen Dufts entgegen. Da war die Zeit gekommen, die bisher nur idealen Anteile in wirkliche zu verwandeln und allen Teilnehmern ihre bestimmten Stücke für immer eigentümlich zuzusetzen. Hauke war nicht müßig gewesen, vorher noch einige neue zu erwerben; Ole Peters hatte sich verbissen zurückgehalten, ihm gehörte nichts im neuen Kooge. Ohne Verdruss und Streit hatte auch so die Teilung nicht abgehen können, aber fertig war er gleichwohl geworden; auch dieser Tag lag hinter dem Deichgrafen.

Fortan lebte er einsam seinen Pflichten als Hofwirt wie als Deichgraf und denen, die ihm am nächsten angehörten; die alten Freunde waren nicht mehr in der Zeitlichkeit, neue zu erwerben, war er nicht geeignet. Aber unter seinem Dach war Frieden, den auch das stille Kind nicht störte; es sprach wenig, das stete Fragen, was den aufgeweckten Kindern eigen ist, kam selten und meist so, dass dem Gefragten die Antwort darauf schwer wurde; aber ihr liebes, einfältiges Gesichtlein trug fast immer den Ausdruck der Zufriedenheit. Zwei Spielkameraden hatte sie, die waren ihr genug: Wenn sie über die Werfte wanderte, sprang das gerettete gelbe Hündlein stets um sie herum, und wenn der Hund sich zeigte, war auch klein Wienke nicht mehr fern. Der zweite Kamerad war eine Lachmöwe[1], und wie der Hund „Perle“, so hieß die Möwe „Claus“.

Claus war durch ein greises Menschenkind auf dem Hofe installiert worden: Die achtzigjährige Trin' Jans hatte in ihrer Kate auf dem Außendeich sich nicht mehr durchbringen können; da hatte Frau Elke gemeint, die verlebte Dienstmagd ihres Großvaters könnte bei ihnen noch ein paar stille Abendstunden und eine gute Sterbekammer finden, und so, halb mit Gewalt, war sie von ihr und Hauke nach dem Hofe geholt und in dem Nordweststübchen der neuen Scheuer untergebracht worden, die der Deichgraf vor einigen Jahren neben dem Haupthause bei der Vergrößerung seiner Wirtschaft hatte bauen müssen. Ein paar der Mägde hatten daneben ihre Kammer erhalten und konnten der Greisin nachts zur Hand gehen. Rings an den Wänden hatte sie ihr altes Hausgerät: eine Schatulle von Zuckerkistenholz, darüber zwei bunte Bilder vom verlorenen Sohn, ein längst zur Ruhe gestelltes Spinnrad und ein sehr sauberes Gardinenbett[2], vor dem ein ungefüger, mit dem weißen Fell des weiland[3] Angorakaters überzogener Schemel stand. Aber auch was Lebiges hatte sie noch um sich gehabt und mit hieher gebracht: das war die Möwe Claus, die sich schon jahrelang zu ihr gehalten hatte und von ihr gefüttert worden war; freilich, wenn es Winter wurde, flog sie mit den andern Möwen südwärts und kam erst wieder, wenn am Strand der Wermut duftete.

Die Scheuer lag etwas tiefer an der Werfte; die Alte konnte von ihrem Fenster aus nicht über den Deich auf die See hinausblicken. „Du hast mich hier als wie gefangen, Deichgraf!“, murrte sie eines Tages, als Hauke zu ihr eintrat, und wies mit ihrem verkrümmten Finger nach den Fennen hinaus, die sich dort unten breiteten. „Wo ist denn Jeverssand? Da über den roten oder über den schwarzen Ochsen hinaus?“

1 Larus ridibundus
2 Bett mit Vorhängen an den Seiten bzw. an einer Seite
3 vormalig, damalig

„Was will Sie denn mit Jeverssand?“, frug Hauke.

– „Ach was, Jeverssand!“, brummte die Alte. „Aber ich will doch sehen, wo mein Jung mir derzeit ist zu Gott gegangen!“

– „Wenn Sie das sehen will“, entgegnete Hauke, „so muss Sie sich oben unter den Eschenbaum setzen, da sieht Sie das ganze Haff!“

„Ja“, sagte die Alte; „ja, wenn ich deine jungen Beine hätte, Deichgraf!“

Dergleichen blieb lange der Dank für die Hülfe, die ihr die Deichgrafsleute angedeihen ließen; dann aber wurde es auf einmal anders. Der kleine Kindskopf Wienkes guckte eines Morgens durch die halb geöffnete Tür zu ihr herein. „Na“, rief die Alte, welche mit den Händen ineinander auf ihrem Holzstuhl saß, „was hast du denn zu bestellen?“ Aber das Kind kam schweigend näher und sah sie mit ihren gleichgültigen Augen unablässig an.

„Bist du das Deichgrafskind?“, frug Trin' Jans, und da das Kind wie nickend das Köpfchen senkte, fuhr sie fort: „So setz dich hier auf meinen Schemel! Ein Angorakater ist's gewesen – so groß! Aber dein Vater hat ihn totgeschlagen. Wenn er noch lebig wäre, so könntest du auf ihm reiten.“ Wienke richtete stumm ihre Augen auf das weiße Fell; dann kniete sie nieder und begann, es mit ihren kleinen Händen zu streicheln, wie Kinder es bei einer lebenden Katze oder einem Hunde zu machen pflegen. „Armer Kater!“, sagte sie dann und fuhr wieder in ihren Liebkosungen fort.

„So!“, rief nach einer Weile die Alte, „jetzt ist es genug; und sitzen kannst du auch noch heut auf ihm; vielleicht hat dein Vater ihn auch nur um deshalb totgeschlagen!“ Dann hob sie das Kind an beiden Armen in die Höhe und setzte es derb auf den Schemel nieder. Da es aber stumm und unbeweglich sitzen blieb und sie nur immer ansah, begann sie, mit dem Kopfe zu schütteln. „Du strafst ihn, Gott der Herr! Ja, ja, du strafst ihn!“, murmelte sie; aber ein Erbarmen mit dem Kinde schien sie doch zu überkommen; ihre knöcherne Hand strich über das dürftige Haar desselben, und aus den Augen der Kleinen kam es, als ob ihr damit wohlgeschehe.

Von nun an kam Wienke täglich zu der Alten in die Kammer; sie setzte sich bald von selbst auf den Angoraschemel und Trin' Jans gab ihr kleine Fleisch- und Brotstückchen in ihre Händchen, welche sie allezeit in Vorrat hatte, und ließ sie diese auf den Fußboden werfen; dann kam mit Gekreisch und ausgespreizten Flügeln die Möwe aus irgendeinem Winkel hervorgeschossen und machte sich darüber her. Erst erschrak das Kind und schrie auf vor dem großen stürmenden Vogel; bald aber war es wie ein eingelerntes Spiel, und wenn sie nur ihr Köpfchen durch den Türspalt steckte, schoss schon der Vogel auf sie zu und setzte sich ihr auf Kopf oder Schulter, bis die Alte ihr zu Hülfe kam und die Fütterung beginnen konnte. Trin' Jans, die es sonst nicht hatte leiden können, dass einer auch nur die Hand nach ihrem „Claus" ausstreckte, sah jetzt geduldig zu, wie das Kind allmählich ihr den Vogel völlig abgewann. Er ließ sich willig von ihr haschen; sie trug ihn umher und wickelte ihn in ihre Schürze, und wenn dann auf der Werfte etwa das gelbe Hündlein um sie herum und eifersüchtig gegen den Vogel aufsprang, dann rief sie wohl: „Nicht du, nicht du, Perle!", und hob mit ihren Ärmchen die Möwe so hoch, dass diese, sich selbst befreiend, schreiend über die Werfte hinflog und statt ihrer nun der Hund durch Schmeicheln und Springen den Platz auf ihren Armen zu erobern suchte.

Fielen zufällig Haukes und Elkes Augen auf dies wunderliche Vierblatt, das nur durch einen gleichen Mangel am selben Stängel festgehalten wurde, dann flog wohl ein zärtlicher Blick auf ihr Kind; hatten sie sich gewandt, so blieb nur noch ein Schmerz auf ihrem Antlitz, den jedes einsam mit sich von dannen trug, denn das erlösende Wort war zwischen ihnen noch nicht gesprochen worden. Da eines Sommervormittags, als Wienke mit der Alten und den beiden Tieren auf den großen Steinen vor der Scheuntür saß, gingen ihre beiden Eltern, der Deichgraf seinen Schimmel hinter sich, die Zügel über dem Arme, hier vorüber; er wollte auf den Deich hinaus und hatte das Pferd sich selber von der Fenne heraufgeholt; sein Weib hatte auf der Werfte sich an seinen Arm gehängt. Die Sonne schien warm hernieder; es war fast schwül und mitunter kam ein Windstoß aus Süd-südost. Dem Kinde mochte es auf dem Platze unbehaglich werden. „Wienke will mit!", rief sie, schüttelte die Möwe von ihrem Schoß und griff nach der Hand ihres Vaters.

„So komm!", sagte dieser.

– Frau Elke aber rief: „In dem Wind? Sie fliegt dir weg!"

„Ich halt sie schon; und heut haben wir warme Luft und lustig Wasser, da kann sie's tanzen sehen."

Und Elke lief ins Haus und holte noch ein Tüchlein und ein Käppchen für ihr Kind. „Aber es gibt ein Wetter", sagte sie; „macht, dass ihr fortkommt und seid bald wieder hier!"

Hauke lachte: „Das soll uns nicht zu fassen kriegen!", und hob das Kind zu sich auf den Sattel. Frau Elke blieb noch eine Weile auf der Werfte und sah, mit der Hand ihre Augen beschattend, die beiden auf den Weg und nach dem Deich hinübertraben; Trin' Jans saß auf dem Stein und murmelte Unverständliches mit ihren welken Lippen.

Das Kind lag regungslos im Arm des Vater; es war, als atme es beklommen unter dem Druck der Gewitterluft; er neigte den Kopf zu ihr. „Nun, Wienke?", frug er.

Das Kind sah ihn eine Weile an. „Vater", sagte es, „du kannst das doch! Kannst du nicht alles?"

„Was soll ich können, Wienke?"

Aber sie schwieg; sie schien die eigene Frage nicht verstanden zu haben.

Es war Hochflut; als sie auf den Deich hinaufkamen, schlug der Widerschein der Sonne von dem weiten Wasser ihr in die Augen, ein Wirbelwind trieb die Wellen strudelnd in die Höhe und neue kamen heran und schlugen klatschend gegen den Strand; da klammerte sie ihre Händchen angstvoll um die Faust ihres Vaters, die den Zügel führte, dass der Schimmel mit einem Satz zur Seite fuhr. Die blassblauen Augen sahen in wirrem Schreck zu Hauke auf. „Das Wasser, Vater! das Wasser!", rief sie.

Aber er löste sich sanft und sagte: „Still, Kind, du bist bei deinem Vater; das Wasser tut dir nichts!"

Sie strich sich das fahlblonde Haar aus der Stirn und wagte es wieder, auf die See hinauszusehen. „Es tut mir nichts“, sagte sie zitternd, „nein, sag, dass es uns nichts tun soll; du kannst das, und dann tut es uns auch nichts!“

„Nicht ich kann das, Kind“, entgegnete Hauke ernst; „aber der Deich, auf dem wir reiten, der schützt uns, und den hat dein Vater ausgedacht und bauen lassen.“

Ihre Augen gingen wider ihn, als ob sie das nicht ganz verstünde; dann barg sie ihr auffallend kleines Köpfchen in dem weiten Rocke ihres Vaters.

„Warum versteckst du dich, Wienke?“, raunte der ihr zu; „ist dir noch immer bange?“ Und ein zitterndes Stimmchen kam aus den Falten des Rockes: „Wienke will lieber nicht sehen; aber du kannst doch alles, Vater?“

Ein ferner Donner rollte gegen den Wind herauf. „Hoho?“, rief Hauke, „da kommt es!“, und wandte sein Pferd zur Rückkehr. „Nun wollen wir heim zur Mutter!“

Das Kind tat einen tiefen Atemzug; aber erst als sie die Werfte und das Haus erreicht hatten, hob es das Köpfchen von seines Vaters Brust. Als dann Frau Elke ihr im Zimmer das Tüchlein und die Kapuze abgenommen hatte, blieb sie wie ein kleiner stummer Kegel vor der Mutter stehen. „Nun, Wienke“, sagte diese und schüttelte sie leise, „magst du das große Wasser leiden?“

Aber das Kind riss die Augen auf: „Es spricht“, sagte sie; „Wienke ist bange!“

– „Es spricht nicht; es rauscht und toset nur!“

Das Kind sah ins Weite: „Hat es Beine?“, frug es wieder; „kann es über den Deich kommen?“

– „Nein, Wienke; dafür passt dein Vater auf, er ist der Deichgraf.“

„Ja“, sagte das Kind und klatschte mit blödem Lächeln in seine Händchen; „Vater kann alles – alles!“ Dann plötzlich, sich von der Mutter abwendend, rief sie: „Lass Wienke zu Trin' Jans, die hat rote Äpfel!“

Und Elke öffnete die Tür und ließ das Kind hinaus. Als sie dieselbe wieder geschlossen hatte, schlug sie mit einem Ausdruck des tiefsten Grams die Augen zu ihrem

Manne auf, aus denen ihm sonst nur Trost und Mut zu Hülfe gekommen war.

Er reichte ihr die Hand und drückte sie, als ob es zwischen ihnen keines weiteren Wortes bedürfe; sie aber sagte leis: „Nein, Hauke, lass mich sprechen: Das Kind, das ich nach Jahren dir geboren habe, es wird für immer ein Kind bleiben. O lieber Gott! Es ist schwachsinnig; ich muss es einmal vor dir sagen."

„Ich wusste es längst", sagte Hauke und hielt die Hand seines Weibes fest, die sie ihm entziehen wollte.

„So sind wir denn doch allein geblieben", sprach sie wieder.

Aber Hauke schüttelte den Kopf: „Ich hab sie lieb, und sie schlägt ihre Ärmchen um mich und drückt sich fest an meine Brust; um alle Schätze wollt ich das nicht missen!"

Die Frau sah finster vor sich hin. „Aber warum?", sprach sie; „was hab ich arme Mutter denn verschuldet?"

– „Ja, Elke, das hab ich freilich auch gefragt, den, der allein es wissen kann; aber du weißt ja auch, der Allmächtige gibt den Menschen keine Antwort – vielleicht, weil wir sie nicht begreifen würden."

Er hatte auch die andere Hand seines Weibes gefasst und zog sie sanft zu sich heran: „Lass dich nicht irren[1], dein Kind, wie du es tust, zu lieben; sei sicher, das versteht es!"

Da warf sich Elke an ihres Mannes Brust und weinte sich satt und war mit ihrem Leid nicht mehr allein. Dann plötzlich lächelte sie ihn an; nach einem heftigen Händedruck lief sie hinaus und holte sich ihr Kind aus der Kammer der alten Trin' Jans und nahm es auf ihren Schoß und hätschelte und küsste es, bis es stammelnd sagte: „Mutter, meine liebe Mutter!"

So lebten die Menschen auf dem Deichgrafshofe still beisammen; wäre das Kind nicht da gewesen, es hätte viel gefehlt.

---

[1] beirren

Allmählich verfloss der Sommer; die Zugvögel waren durchgezogen, die Luft wurde leer vom Gesang der Lerchen; nur vor den Scheunen, wo sie beim Dreschen Körner pickten, hörte man hie und da einige kreischend davonfliegen; schon war alles hart gefroren. In der Küche des Haupthauses saß eines Nachmittags die alte Trin' Jans auf der Holzstufe einer Treppe, die neben dem Feuerherd nach dem Boden lief. Es war in den letzten Wochen, als sei sie aufgelebt; sie kam jetzt gern einmal in die Küche und sah Frau Elke hier hantieren; es war keine Rede mehr davon, dass ihre Beine sie nicht hätten dahin tragen können, seit eines Tages klein Wienke sie an der Schürze hier heraufgezogen hatte. Jetzt kniete das Kind an ihrer Seite und sah mit seinen stillen Augen in die Flammen, die aus dem Herdloch aufflackerten; ihr eines Händchen klammerte sich an den Ärmel der Alten, das andere lag in ihrem eigenen fahlblonden Haar. Trin' Jans erzählte: „Du weißt", sagte sie, „ich stand in Dienst bei deinem Urgroßvater, als Hausmagd, und dann musst ich die Schweine füttern; der war klüger als sie alle – da war es, es ist grausam lange her, aber eines Abends, der Mond schien, da ließen sie die Haffschleuse schließen und sie konnte nicht wieder zurück in See. Oh, wie sie schrie und mit ihren Fischhänden sich in ihre harten struppigen Haare griff! Ja, Kind, ich sah es und hörte sie selber schreien! Die Gräben zwischen den Fennen waren alle voll Wasser und der Mond schien darauf, dass sie wie Silber glänzten, und sie schwamm aus einem Graben in den andren und hob die Arme und schlug, was ihre Hände waren, aneinander, dass man es weither klatschen hörte, als wenn sie beten wollte; aber, Kind, beten können diese Kreaturen nicht. Ich saß vor der Haustür auf ein paar Balken, die zum Bauen angefahren waren, und sah weithin über die Fennen; und das Wasserweib schwamm noch immer in den Gräben, und wenn sie die Arme aufhob, so glitzerten auch die wie Silber und Demanten[1]. Zuletzt sah ich sie nicht mehr und die Wildgäns' und Möwen, die ich all die Zeit nicht

[1] Diamanten

gehört hatte, zogen wieder mit Pfeifen und Schnattern durch die Luft."

Die Alte schwieg; das Kinde hatte ein Wort sich aufgefangen. „Konnte sie beten?", frug sie. „Was sagst du? Wer war es?"

„Kind", sagte die Alte, „die Wasserfrau war es; das sind Undinger, die nicht selig werden können."

„Nicht selig!", wiederholte das Kind und ein tiefer Seufzer, als habe sie das verstanden, hob die kleine Brust.

– „Trin' Jans!", kam eine tiefe Stimme von der Küchentür, und die Alte zuckte leicht zusammen. Es war der Deichgraf Hauke Haien, der dort am Ständer lehnte: „Was redet Sie dem Kinde vor? Hab ich Ihr nicht geboten, Ihre Mären für sich zu behalten oder sie den Gäns' und Hühnern zu erzählen?"

Die Alte sah ihn mit einem bösen Blick an und schob die Kleine von sich fort: „Das sind keine Mären", murmelte sie in sich hinein, „das hat mein Großohm mir erzählt."

– „Ihr Großohm, Trin'? Sie wollte es ja eben selbst erlebt haben."

„Das ist egal", sagte die Alte, „aber Ihr glaubt nicht, Hauke Haien; Ihr wollt wohl meinen Großohm noch zum Lügner machen!" Dann rückte sie näher an den Herd und streckte die Hände über die Flammen des Feuerlochs.

Der Deichgraf warf einen Blick gegen das Fenster; draußen dämmerte es noch kaum. „Komm, Wienke!", sagte er und zog sein schwachsinniges Kind zu sich heran; „komm mit mir, ich will dir draußen vom Deich aus etwas zeigen! Nur müssen wir zu Fuß gehen; der Schimmel ist beim Schmied." Dann ging er mit ihr in die Stube und Elke band dem Kinde dicke wollene Tücher um Hals und Schultern; und bald danach ging der Vater mit ihr auf dem alten Deiche nach Nordwest hinauf, Jeverssand vorbei, bis wo die Watten breit, fast unübersehbar wurden.

Bald hatte er sie getragen, bald ging sie an seiner Hand; die Dämmerung wuchs allmählich; in der Ferne verschwand alles in Dunst und Duft. Aber dort, wohin

noch das Auge reichte, hatten die unsichtbar schwellenden Wattströme das Eis zerrissen und, wie Hauke Haien es in seiner Jugend einst gesehen hatte, aus den Spalten stiegen wie damals die rauchenden Nebel und daran entlang waren wiederum die unheimlichen närrischen Gestalten und hüpften gegeneinander und dienerten und dehnten sich plötzlich schreckhaft in die Breite.
Das Kind klammerte sich angstvoll an seinen Vater und deckte dessen Hand über sein Gesichtlein: „Die Seeteufel!", raunte es zitternd zwischen seine Finger, „die Seeteufel!"
Er schüttelte den Kopf: „Nein, Wienke, weder Wasserweiber noch Seeteufel; so etwas gibt es nicht; wer hat dir davon gesagt?"
Sie sah mit stumpfem Blick zu ihm herauf; aber sie antwortete nicht. Er strich ihr zärtlich über die Wangen: „Sieh nur wieder hin!", sagte er, „das sind nur arme hungrige Vögel! Sieh nur, wie jetzt der große seine Flügel breitet; die holen sich die Fische, die in die rauchenden Spalten kommen."
„Fische", wiederholte Wienke.
„Ja, Kind, das alles ist lebig, so wie wir; es gibt nichts anderes; aber der liebe Gott ist überall!"
Klein Wienke hatte ihre Augen fest auf den Boden gerichtet und hielt den Atem an; es war, als sähe sie erschrocken in einen Abgrund. Es war vielleicht nur so; der Vater blickte lange auf sie hin, er bückte sich und sah in ihr Gesichtlein; aber keine Regung der verschlossenen Seele wurde darin kund. Er hob sie auf den Arm und steckte ihre verklommenen Händchen in einen seiner dicken Wollhandschuhe: „So, mein Wienke" – und das Kind vernahm wohl nicht den Ton von heftiger Innigkeit in seinen Worten –, „so, wärm dich bei mir! Du bist doch unser Kind, unser einziges. Du hast uns lieb ...!"
Die Stimme brach dem Manne; aber die Kleine drückte zärtlich ihr Köpfchen in seinen rauen Bart.
So gingen sie friedlich heimwärts.

Nach Neujahr war wieder einmal die Sorge in das Haus getreten; ein Marschfieber hatte den Deichgrafen ergriffen; auch mit ihm ging es nah am Rand der Grube[1] her, und als er unter Frau Elkes Pfleg' und Sorge wieder erstanden war, schien er kaum derselbe Mann. Die Mattigkeit des Körpers lag auch auf seinem Geiste und Elke sah mit Besorgnis, wie er allzeit leicht zufrieden war. Dennoch, gegen Ende des März, drängte es ihn, seinen Schimmel zu besteigen und zum ersten Male wieder auf seinem Deich entlangzureiten; es war an einem Nachmittage und die Sonne, die zuvor geschienen hatte, lag längst schon wieder hinter trübem Duft.

Im Winter hatte es ein paarmal Hochwasser gegeben; aber es war nicht von Belang gewesen; nur drüben am andern Ufer war auf einer Hallig eine Herde Schafe ertrunken und ein Stück vom Vorland abgerissen worden; hier an dieser Seite und am neuen Kooge war ein nennenswerter Schaden nicht geschehen. Aber in der letzten Nacht hatte ein stärkerer Sturm getobt; jetzt musste der Deichgraf selbst hinaus und alles mit eigenem Aug besichtigen. Schon war er unten von der Südostecke aus auf dem neuen Deich herumgeritten und es war alles wohlerhalten; als er aber an die Nordostecke gekommen war, dort, wo der neue Deich auf den alten stößt, war zwar der erstere unversehrt, aber wo früher der Priel den alten erreicht hatte und an ihm entlanggeflossen war, sah er in großer Breite die Grasnarbe zerstört und fortgerissen und in dem Körper des Deiches eine von der Flut gewühlte Höhlung, durch welche überdies ein Gewirr von Mäusegängen bloßgelegt war. Hauke stieg vom Pferde und besichtigte den Schaden in der Nähe: Das Mäuseunheil schien unverkennbar noch unsichtbar weiter fortzulaufen.

Er erschrak heftig; gegen alles dieses hätte schon beim Bau des neuen Deiches Obacht genommen werden müssen; da es damals übersehen worden, so musste es jetzt geschehen! – Das Vieh war noch nicht auf den Fennen, das Gras war ungewohnt zurückgeblieben; wohin er blickte, es sah ihn leer und öde an. Er bestieg wieder sein Pferd und ritt am Ufer hin und her: Es war Ebbe

[1] des Grabes, des Todes

und er gewahrte wohl, wie der Strom von außen her sich wieder ein neues Bett im Schlick gewühlt hatte und jetzt von Nordwesten auf den alten Deich gestoßen war; der neue aber, soweit es ihn traf, hatte mit seinem sanfteren Profile dem Anprall widerstehen können.

Ein Haufen neuer Plag und Arbeit erhob sich vor der Seele des Deichgrafen; nicht nur der alte Deich musste hier verstärkt, auch dessen Profil dem des neuen angenähert werden; vor allem aber musste der als gefährlich wieder aufgetretene Priel durch neu zu legende Dämme oder Lahnungen[1] abgeleitet werden. Noch einmal ritt er auf dem neuen Deich bis an die äußerste Nordwestecke, dann wieder rückwärts, die Augen unablässig auf das neu gewühlte Bett des Prieles heftend, der ihm zur Seite sich deutlich genug in dem bloßgelegten Schlickgrund abzeichnete. Der Schimmel drängte vorwärts und schnob und schlug mit den Vorderhufen; aber der Reiter drückte ihn zurück, er wollte langsam reiten, er wollte auch die innere Unruhe bändigen, die immer wilder in ihm aufgor.

Wenn eine Sturmflut wiederkäme – eine, wie 1655 da gewesen, wo Gut und Menschen ungezählt verschlungen wurden –, wenn sie wiederkäme, wie sie schon mehrmals einst gekommen war! – Ein heißer Schauer überrieselte den Reiter – der alte Deich, er würde den Stoß nicht aushalten, der gegen ihn heraufschösse! Was dann, was sollte dann geschehen? – Nun eines, ein einzig Mittel würde es geben, um vielleicht den alten Koog und Gut und Leben darin zu retten. Hauke fühlte sein Herz stillstehen, sein sonst so fester Kopf schwindelte; er sprach es nicht aus, aber in ihm sprach es stark genug: Dein Koog, der Hauke-Haien-Koog, müsste preisgegeben und der neue Deich durchstochen werden!

Schon sah er im Geist die stürzende Hochflut hereinbrechen und Gras und Klee mit ihrem salzen schäumenden Gischt bedecken. Ein Sporenstich fuhr in die Weichen des Schimmels und einen Schrei ausstoßend flog er auf

1 „Zäune von Buschwerk, die zur besseren Anschlickung vom Strande in die Watten hinausgesteckt werden“ (S.)

dem Deich entlang und dann den Akt hinab, der deichgräflichen Werfte zu.

Den Kopf voll von innerem Schrecknis und ungeordneten Plänen, kam er nach Hause. Er warf sich in seinen Lehnstuhl, und als Elke mit der Tochter in das Zimmer trat, stand er wieder auf und hob das Kind zu sich empor und küsste es; dann jagte er das gelbe Hündlein mit ein paar leichten Schlägen von sich. „Ich muss noch einmal droben nach dem Krug!“, sagte er und nahm seine Mütze vom Türhaken, wohin er sie eben erst gehängt hatte.

Seine Frau sah ihn sorgvoll an: „Was willst du dort? Es wird schon Abend, Hauke!“

„Deichgeschichten!“, murmelte er vor sich hin, „ich treffe von den Gevollmächtigten dort.“

Sie ging ihm nach und drückte ihm die Hand, denn er war mit diesen Worten schon zur Tür hinaus. Hauke Haien, der sonst alles bei sich selber abgeschlossen hatte, drängte es jetzt, ein Wort von jenen zu erhalten, die er sonst kaum eines Anteils wert gehalten hatte. Im Gastzimmer traf er Ole Peters mit zweien der Gevollmächtigten und einem Koogseinwohner am Kartentisch.

„Du kommst wohl von draußen, Deichgraf?“, sagte der Erstere, nahm die halb ausgeteilten Karten auf und warf sie wieder hin.

„Ja, Ole“, erwiderte Hauke; „ich war dort; es sieht übel aus.“

„Übel? – Nun, ein paar hundert Soden und eine Bestickung wird's wohl kosten; ich war dort auch am Nachmittag.“

„So wohlfeil wird's nicht abgehen, Ole“, erwiderte der Deichgraf, „der Priel ist wieder da, und wenn er jetzt auch nicht von Norden auf den alten Deich stößt, so tut er's doch von Nordwesten!“

„Du hättest ihn lassen sollen, wo du ihn fandest!“, sagte Ole trocken.

„Das heißt“, entgegnete Hauke, „der neue Koog geht dich nichts an; und darum sollte er nicht existieren. Das ist deine eigne Schuld! Aber wenn wir Lahnungen legen müssen, um den alten Deich zu schützen, der grüne Klee hinter dem neuen bringt das übermäßig ein!“

„Was sagt Ihr, Deichgraf?“ riefen die Gevollmächtigten, „Lahnungen? Wie viele denn? Ihr liebt es, alles beim teuersten Ende anzufassen!“

Die Karten lagen unberührt auf dem Tisch. „Ich will's dir sagen, Deichgraf“, sagte Ole Peters und stemmte beide Arme auf, „dein neuer Koog ist ein fressend Werk, was du uns gestiftet hast! Noch laboriert alles an den schweren Kosten deiner breiten Deiche; nun frisst er uns auch den alten Deich und wir sollen ihn verneuen! – Zum Glück ist's nicht so schlimm; er hat diesmal gehalten und wird es auch noch ferner tun! Steig nur morgen wieder auf deinen Schimmel und sieh es dir noch einmal an!“

Hauke war aus dem Frieden seines Hauses hierhergekommen; hinter den immerhin noch gemäßigten Worten, die er eben hörte, lag – er konnte es nicht verkennen – ein zäher Widerstand; ihm war, als fehle ihm dagegen noch die alte Kraft. „Ich will tun, wie du es rätst, Ole“, sprach er; „nur fürcht ich, ich werd es finden, wie ich es heut gesehen habe.“

– Eine unruhige Nacht folgte diesem Tage; Hauke wälzte sich schlaflos in seinen Kissen. „Was ist dir?“, frug ihn Elke, welche die Sorge um ihren Mann wach hielt; „drückt dich etwas, so sprich es von dir; wir haben's ja immer so gehalten!“

„Es hat nichts auf sich, Elke!“, erwiderte er, „am Deiche, an den Schleusen ist was zu reparieren; du weißt, dass ich das allzeit nachts in mir zu verarbeiten habe.“ Weiter sagte er nichts; er wollte sich die Freiheit seines Handelns vorbehalten; ihm unbewusst war die klare Einsicht und der kräftige Geist seines Weibes ihm in seiner augenblicklichen Schwäche ein Hindernis, dem er unwillkürlich auswich.

– – Am folgenden Vormittag, als er wieder auf den Deich hinauskam, war die Welt eine andere, als wie er sie tags zuvor gefunden hatte; zwar war wieder hohl Ebbe[1], aber der Tag war noch im Steigen und eine lichte Frühlings-

[1] Als „de holle Ebb“ bezeichnet man „den niedrigsten Wasserstand der Nordsee, wie er bei Nordostwind eintritt“ (M.).

sonne ließ ihre Strahlen fast senkrecht auf die unabsehbaren Watten fallen; die weißen Möwen schwebten ruhig hin und wider, und unsichtbar über ihnen, hoch unter dem azurblauen Himmel, sangen die Lerchen ihre ewige Melodie. Hauke, der nicht wusste, wie uns die Natur mit ihrem Reiz betrügen kann, stand auf der Nordwestecke des Deiches und suchte nach dem neuen Bett des Prieles, das ihn gestern so erschreckt hatte; aber bei dem vom Zenit[1] herabschießenden Sonnenlichte fand er es anfänglich nicht einmal. Erst da er gegen die blendenden Strahlen seine Augen mit der Hand beschattete, konnte er es nicht verkennen; aber dennoch, die Schatten in der gestrigen Dämmerung mussten ihn getäuscht haben; es kennzeichnete sich jetzt nur schwach; die bloßgelegte Mäusewirtschaft musste mehr als die Flut den Schaden in dem Deich veranlasst haben. Freilich, Wandel musste hier geschafft werden, aber durch sorgfältiges Aufgraben und, wie Ole Peters gesagt hatte, durch frische Soden und einige Ruten[2] Strohbestickung war der Schaden auszuheilen.

„Es war so schlimm nicht", sprach er erleichtert zu sich selber, „du bist gestern doch dein eigner Narr gewesen!" – Er berief die Gevollmächtigten und die Arbeiten wurden ohne Widerspruch beschlossen, was bisher noch nie geschehen war. Der Deichgraf meinte, eine stärkende Ruhe in seinem noch geschwächten Körper sich verbreiten zu fühlen, und nach einigen Wochen war alles sauber ausgeführt.

Das Jahr ging weiter, aber je weiter es ging und je ungestörter die neu gelegten Rasen durch die Strohdecke grünten, umso unruhiger ging oder ritt Hauke an dieser Stelle vorüber, er wandte die Augen ab, er ritt hart an der Binnenseite des Deiches, ein paarmal, wo er dort hätte vorübermüssen, ließ er sein schon gesatteltes Pferd wieder in den Stall zurückführen; dann wieder, wo er

[1] Scheitelpunkt; Punkt des Himmelsgewölbes senkrecht über dem Betrachter

[2] früheres Längenmaß unterschiedlicher Größe: „von 2,92 bis 4,67" (Duden)

nichts dort zu tun hatte, wanderte er, um nur rasch und ungesehen von seiner Werfte fortzukommen, plötzlich und zu Fuß dahin; manchmal auch war es umgekehrt, er hatte es sich nicht zumuten können, die unheimliche Stelle aufs Neue zu betrachten; und endlich, mit den Händen hätte er alles wieder aufreißen mögen, denn wie ein Gewissensbiss, der außer ihm Gestalt gewonnen hatte, lag dies Stück des Deiches ihm vor Augen. Und doch, seine Hand konnte nicht mehr daran rühren; und niemandem, selbst nicht seinem Weibe, durfte er davon reden. So war der September gekommen; nachts hatte ein mäßiger Sturm getobt und war zuletzt nach Nordwest umgesprungen. An trübem Vormittag danach, zur Ebbezeit, ritt Hauke auf den Deich hinaus und es durchfuhr ihn, als er seine Augen über die Watten schweifen ließ; dort, von Nordwest herauf, sah er plötzlich wieder, und schärfer und tiefer ausgewühlt, das gespenstische neue Bett des Prieles; so sehr er seine Augen anstrengte, es wollte nicht mehr weichen.

Als er nach Haus kam, ergriff Elke seine Hand: „Was hast du, Hauke?“, sprach sie, als sie in sein düstres Antlitz sah, „es ist doch kein neues Unheil? Wir sind jetzt so glücklich; mir ist, du hast nun Frieden mit ihnen allen!“

Diesen Worten gegenüber vermochte er seine verworrene Furcht nicht in Worten kundzugeben.

„Nein, Elke“, sagte er, „mich feindet niemand an; es ist nur ein verantwortlich Amt, die Gemeinde vor unseres Herrgotts Meer zu schützen.“

Er machte sich los, um weiteren Fragen des geliebten Weibes auszuweichen. Er ging in Stall und Scheuer, als ob er alles revidieren müsse; aber er sah nichts um sich her; er war nur beflissen, seinen Gewissensbiss zur Ruhe, ihn sich selber als eine krankhaft übertriebene Angst zur Überzeugung zu bringen.

– – Das Jahr, von dem ich Ihnen erzähle“, sagte nach einer Weile mein Gastfreund, der Schulmeister, „war das Jahr 1756, das in dieser Gegend nie vergessen wird; im Hause Hauke Haiens brachte es eine Tote. Zu Ende des Septembers war in der Kammer, welche ihr in der Scheune eingeräumt war, die fast neunzigjährige Trin' Jans am

Sterben. Man hatte sie nach ihrem Wunsche in den Kissen aufgerichtet und ihre Augen gingen durch die kleinen bleigefassten Scheiben in die Ferne; es musste dort am Himmel eine dünnere Luftschicht über einer dichteren liegen, denn es war hohe Kimmung[1] und die Spiegelung hob in diesem Augenblick das Meer wie einen flimmernden Silberstreifen über den Rand des Deiches, sodass es blendend in die Kammer schimmerte; auch die Südspitze von Jeverssand war sichtbar.

Am Fußende des Bettes kauerte die kleine Wienke und hielt mit der einen Hand sich fest an der ihres Vaters, der danebenstand. In das Antlitz der Sterbenden grub eben der Tod das hippokratische Gesicht[2], und das Kind starrte atemlos auf die unheimliche, ihr unverständliche Verwandlung des unschönen, aber ihr vertrauten Angesichts.

„Was macht sie? Was ist das, Vater?", flüstert sie angstvoll und grub die Fingernägel in ihres Vaters Hand.

„Sie stirbt!", sagte der Deichgraf.

„Stirbt!", wiederholte das Kind und schien in verworrenes Sinnen zu verfallen.

Aber die Alte rührte noch einmal ihre Lippen: „Jins! Jins!" Und kreischend, wie ein Notschrei, brach es hervor, und ihre knöchernen Arme streckten sich gegen die draußen flimmernde Meeresspiegelung: „Hölp mi! Hölp mi! Du bist ja bawen Water ... Gott gnad de annern![3]"

Ihre Arme sanken, ein leises Krachen der Bettstatt wurde hörbar; sie hatte aufgehört zu leben.

Das Kind tat einen tiefen Seufzer und warf die blassen Augen zu ihrem Vater auf: „Stirbt sie noch immer?", frug es.

„Sie hat es vollbracht!", sagte der Deichgraf und nahm das Kind auf seinen Arm: „Sie ist nun weit von uns, beim lieben Gott."

---

1 Horizont, Blickfeld

2 die „Facies hippocratica", der von dem griech. Arzt Hippokrates (um 460 bis 375 v. Chr.) zuerst beschriebene Gesichtsausdruck Sterbender

3 „Hilf mir! Hilf mir! Du bist (treibst) ja auf dem Wasser ... Gott gnade den anderen!"

„Beim lieben Gott!“, wiederholte das Kind und schwieg eine Weile, als müsse es den Worten nachsinnen. „Ist das gut, beim lieben Gott?“

„Ja, das ist das Beste.“ – In Haukes Innerm aber klang schwer die letzte Rede der Sterbenden. „Gott gnad de annern!“, sprach es leise in ihm. „Was wollte die alte Hexe? Sind denn die Sterbenden Propheten – –?“

– Bald nachdem Trin' Jans oben bei der Kirche eingegraben war, begann man, immer lauter von allerlei Unheil und seltsamem Geschmeiß[1] zu reden, das die Menschen in Nordfriesland erschreckt haben sollte; und sicher war es: Am Sonntage Lätare[2] war droben von der Turmspitze der goldne Hahn durch einen Wirbelwind herabgeworfen worden; auch das war richtig: Im Hochsommer fiel, wie ein Schnee, ein groß Geschmeiß vom Himmel, dass man die Augen davor nicht auftun konnte und es hernach fast handhoch auf den Fennen lag, und hatte niemand je so was gesehen. Als aber nach Ende September der Großknecht mit Korn und die Magd Ann Grete mit Butter in die Stadt zu Markt gefahren waren, kletterten sie bei ihrer Rückkunft mit schreckensbleichen Gesichtern von ihrem Wagen. „Was ist? Was habt ihr?“, riefen die andern Dirnen, die hinausgelaufen waren, da sie den Wagen rollen hörten.

Ann Grete in ihrem Reiseanzug trat atemlos in die geräumige Küche. „Nun, so erzähl doch!“, riefen die Dirnen wieder, „wo ist das Unglück los?“

„Ach, unser lieber Jesus wolle uns behüten!“, rief Ann Grete. „Ihr wisst, von drüben, überm Wasser, das alt' Mariken vom Ziegelhof, wir stehen mit unserer Butter ja allzeit zusammen an der Apothekerecke, die hat es mir erzählt, und Iven Johns sagte auch, das gibt ein Unglück!, sagte er, ein Unglück über ganz Nordfriesland; glaub mir's, Ann Gret! Und“, – sie dämpfte ihre Stimme – „mit des Deichgrafs Schimmel ist's am Ende auch nicht richtig!“

„Scht! Scht!“, machten die andern Dirnen.

---

1 Ungeziefer

2 der dritte Sonntag vor Ostern

– „Ja, ja; was kümmert's mich! Aber drüben, an der andern Seite, geht's noch schlimmer als bei uns! Nicht bloß Fliegen und Geschmeiß, auch Blut ist wie Regen vom Himmel gefallen; und da am Sonntagmorgen danach der Pastor sein Waschbecken vorgenommen hat, sind fünf Totenköpfe, wie Erbsen groß, darin gewesen, und alle sind gekommen, um das zu sehen; im Monat Augusti sind grausige rotköpfige Raupenwürmer über das Land gezogen und haben Korn und Mehl und Brot und was sie fanden weggefressen und hat kein Feuer sie vertilgen können!"
Die Erzählerin verstummte plötzlich; keine der Mägde hatte bemerkt, dass die Hausfrau in die Küche getreten war. „Was redet ihr da?", sprach diese. „Lasst das den Wirt nicht hören!" Und da sie alle jetzt erzählen wollten: „Es tut nicht not; ich habe genug davon vernommen; geht an euere Arbeit, das bringt euch besseren Segen!" Dann nahm sie Ann Gret mit sich in die Stube und hielt mit dieser Abrechnung über ihre Marktgeschäfte.
So fand im Hause des Deichgrafen das abergläubische Geschwätz bei der Herrschaft keinen Anhalt; aber in die übrigen Häuser, und je länger die Abende wurden, um desto leichter drang es mehr und mehr hinein. Wie schwere Luft lag es auf allen und heimlich sagte man es sich, ein Unheil, ein schweres, würde über Nordfriesland kommen.

Es war vor Allerheiligen[1], im Oktober. Tagsüber hatte es stark aus Südwest gestürmt; abends stand ein halber Mond am Himmel, dunkelbraune Wolken jagten überhin und Schatten und trübes Licht flogen auf der Erde durcheinander; der Sturm war im Wachsen. Im Zimmer des Deichgrafen stand noch der geleerte Abendtisch; die Knechte waren in den Stall gewiesen, um dort des Viehes zu achten; die Mägde mussten im Hause und auf den Böden nachsehen, ob Türen und Luken wohl verschlossen seien, dass nicht der Sturm hineinfasse und Unheil anrichte. Drinnen stand Hauke neben seiner Frau am Fenster; er hatte eben sein Abendbrot hinabgeschlungen;

[1] 1. November

er war draußen auf dem Deich gewesen. Zu Fuße war er hinausgetrabt, schon früh am Nachmittag; spitze Pfähle und Säcke voll Klei oder Erde hatte er hie und dort, wo der Deich eine Schwäche zu verraten schien, zusammentragen lassen; überall hatte er Leute angestellt, um die Pfähle einzurammen und mit den Säcken vorzudämmen, sobald die Flut den Deich zu schädigen beginne; an dem Winkel zu Nordwesten, wo der alte und der neue Deich zusammenstießen, hatte er die meisten Menschen hingestellt, nur im Notfall durften sie von den angewiesenen Plätzen weichen. Das hatte er zurückgelassen; dann, vor kaum einer Viertelstunde, nass, zerzaust, war er in seinem Hause angekommen, und jetzt, das Ohr nach den Windböen, welche die in Blei gefassten Scheiben rasseln machten, blickte er wie gedankenlos in die wüste Nacht hinaus; die Wanduhr hinter ihrer Glasscheibe schlug eben acht. Das Kind, das neben der Mutter stand, fuhr zusammen und barg den Kopf in deren Kleider. „Claus!", rief sie weinend, „wo ist mein Claus?"

Sie konnte wohl so fragen, denn die Möwe hatte, wie schon im vorigen Jahre, so auch jetzt ihre Winterreise nicht mehr angetreten. Der Vater überhörte die Frage; die Mutter aber nahm das Kind auf ihren Arm. „Dein Klaus ist in der Scheune", sagte sie, „da sitzt er warm."

„Warum?", sagte Wienke, „ist das gut?"

– „Ja, das ist gut."

Der Hausherr stand noch am Fenster: „Es geht nicht länger, Elke!", sagte er; „ruf eine von den Dirnen; der Sturm drückt uns die Scheiben ein, die Luken müssen angeschroben[1] werden!"

Auf das Wort der Hausfrau war die Magd hinausgelaufen; man sah vom Zimmer aus, wie ihr die Röcke flogen; aber als sie die Klammern gelöst hatte, riss ihr der Sturm den Laden aus der Hand und warf ihn gegen die Fenster, dass ein paar Scheiben zersplittert in die Stube flogen und eins der Lichter qualmend auslosch. Hauke musste selbst hinaus zu helfen, und nur mit Not kamen allmählich die Luken vor die Fenster. Als sie beim Wie-

1 angeschraubt

dereintritt in das Haus die Tür aufrissen, fuhr eine Böe hinterdrein, dass Glas und Silber im Wandschrank durcheinanderklirrten; oben im Hause über ihren Köpfen zitterten und krachten die Balken, als wolle der Sturm das Dach von den Mauern reißen. Aber Hauke kam nicht wieder in das Zimmer; Elke hörte, wie er durch die Tenne nach dem Stalle schritt. „Den Schimmel! Den Schimmel, John! Rasch!“ So hörte sie ihn rufen; dann kam er wieder in die Stube, das Haar zerzaust, aber die grauen Augen leuchtend. „Der Wind ist umgesprungen!“, rief er – „nach Nordwest, auf halber Springflut! Kein Wind; – wir haben solchen Sturm noch nicht erlebt!“

Elke war totenblass geworden: „Und du musst noch einmal hinaus?“

Er ergriff ihre beiden Hände und drückte sie wie im Krampfe in die seinen: „Das muss ich, Elke.“

Sie erhob langsam ihre dunkeln Augen zu ihm und ein paar Sekunden lang sahen sie sich an; doch war's wie eine Ewigkeit. „Ja, Hauke“, sagte das Weib, „ich weiß es wohl, du musst!“

Da trabte es draußen vor der Hautür. Sie fiel ihm um den Hals und einen Augenblick war's, als könne sie ihn nicht lassen; aber auch das war nur ein Augenblick. „Das ist unser Kampf!“, sprach Hauke, „ihr seid hier sicher; an dies Haus ist noch keine Flut gestiegen. Und bete zu Gott, dass er auch mit mir sei!“

Hauke hüllte sich in seinen Mantel, und Elke nahm ein Tuch und wickelte es ihm sorgsam um den Hals; sie wollte ein Wort sprechen, aber die zitternden Lippen versagten es ihr.

Draußen wieherte der Schimmel, dass es wie Trompetenschall in das Heulen des Sturmes hineinklang. Elke war mit ihrem Mann hinausgegangen; die alte Esche knarrte, als ob sie auseinanderstürzen solle. „Steigt auf, Herr!“, rief der Knecht, „der Schimmel ist wie toll; die Zügel könnten reißen.“ Hauke schlug die Arme um sein Weib: „Bei Sonnenaufgang bin ich wieder da!“

Schon war er auf sein Pferd gesprungen; das Tier stieg mit den Vorderhufen in die Höhe, dann, gleich einem

Streithengst, der sich in die Schlacht stürzt, jagte es mit seinem Reiter die Werfte hinunter, in Nacht und Sturmgeheul hinaus. „Vater, mein Vater!“, schrie eine klägliche Kinderstimme hinter ihm darein; „mein lieber Vater!“ Wienke war im Dunkeln hinter dem Fortjagenden hergelaufen; aber schon nach hundert Schritten strauchelte sie über einen Erdhaufen und fiel zu Boden.

Der Knecht Iven Johns brachte das weinende Kind der Mutter zurück; die lehnte am Stamme der Esche, deren Zweige über ihr die Luft peitschten, und starrte wie abwesend in die Nacht hinaus, in der ihr Mann verschwunden war; wenn das Brüllen des Sturmes und das ferne Klatschen des Meeres einen Augenblick aussetzten, fuhr sie wie in Schreck zusammen; ihr war jetzt, als suche alles nur ihn zu verderben und werde jäh verstummen, wenn es ihn gefasst habe. Ihre Knie zitterten, ihre Haare hatte der Sturm gelöst und trieb damit sein Spiel. „Hier ist das Kind, Frau!“, schrie John ihr zu, „haltet es fest!“, und drückte die Kleine der Mutter in den Arm.

„Das Kind? – Ich hatte dich vergessen, Wienke!“, rief sie, „Gott verzeih mir's.“ Dann hob sie es an ihre Brust, so fest nur Liebe fassen kann, und stürzte mit ihr in die Knie: „Herr Gott und du mein Jesus, lass uns nicht Witwe und nicht Waise werden! Schütz ihn, o lieber Gott; nur du und ich, wir kennen ihn allein!“ Und der Sturm setzte nicht mehr aus; es tönte und donnerte, als solle die ganze Welt in ungeheuerem Hall und Schall zugrunde gehen.

„Geht in das Haus, Frau!“, sagte John; „kommt!“ Und er half ihnen auf und leitete die beiden in das Haus und in die Stube.

– – Der Deichgraf Hauke Haien jagte auf seinem Schimmel dem Deiche zu. Der schmale Weg war grundlos[1], denn die Tage vorher war unermesslicher Regen gefallen; aber der nasse, saugende Klei schien gleichwohl die Hufen des Tieres nicht zu halten, es war, als hätte es festen Sommerboden unter sich. Wie eine wilde Jagd trie-

[1] ohne festen Boden, aufgeweicht

ben die Wolken am Himmel; unten lag die weite Marsch wie eine unerkennbare, von unruhigen Schatten erfüllte Wüste; von dem Wasser hinter dem Deiche, immer ungeheurer, kam ein dumpfes Tosen, als müsse es alles andere verschlingen. „Vorwärts, Schimmel!“, rief Hauke; „wir reiten unseren schlimmsten Ritt!“

Da klang es wie ein Todesschrei unter den Hufen seines Rosses. Er riss den Zügel zurück; er sah sich um: Ihm zur Seite dicht über dem Boden, halb fliegend, halb vom Sturme geschleudert, zog eine Schar von weißen Möwen, ein höhnisches Gegacker ausstoßend; sie suchten Schutz im Lande. Eine von ihnen – der Mond schien flüchtig durch die Wolken – lag am Weg zertreten: Dem Reiter war's, als flattere ein rotes Band an ihrem Halse. „Claus!“, rief er. „Armer Claus!“

War es der Vogel seines Kindes? Hatte er Ross und Reiter erkannt und sich bei ihnen bergen wollen? – Der Reiter wusste es nicht. „Vorwärts!“, rief er wieder und schon hob der Schimmel zu neuem Rennen seine Hufen; da setzte der Sturm plötzlich aus, eine Totenstille trat an seine Stelle; nur eine Sekunde lang, dann kam er mit erneuter Wut zurück; aber Menschenstimmen und verlorenes Hundegebell waren inzwischen an des Reiters Ohr geschlagen, und als er rückwärts nach seinem Dorf den Kopf wandte, erkannte er in dem Mondlicht, das hervorbrach, auf den Werften und vor den Häusern Menschen an hoch beladenen Wagen umherhantierend; er sah, wie im Fluge, noch andere Wagen eilend nach der Geest hinauffahren; Gebrüll von Rindern traf sein Ohr, die aus den warmen Ställen nach dort hinaufgetrieben wurden. „Gott Dank! Sie sind dabei, sich und ihr Vieh zu retten!“, rief es in ihm; und dann mit einem Angstschrei: „Mein Weib! Mein Kind! – Nein, nein; auf unsere Werfte steigt das Wasser nicht!“

Aber nur ein Augenblick war es; nur wie eine Vision flog alles an ihm vorbei.

Eine furchtbare Böe kam brüllend vom Meer herüber, und ihr entgegen stürmten Ross und Reiter den schmalen Akt zum Deich hinan. Als sie oben waren, stoppte Hauke mit Gewalt sein Pferd. Aber wo war das Meer?

Wo war Jeverssand? Wo blieb das Ufer drüben? – – Nur Berge von Wasser sah er vor sich, die dräuend gegen den nächtlichen Himmel stiegen, die in der furchtbaren Dämmerung sich übereinanderzutürmen suchten und übereinander gegen das feste Land schlugen. Mit weißen Kronen kamen sie daher, heulend, als sei in ihnen der Schrei alles furchtbaren Raubgetiers der Wildnis. Der Schimmel schlug mit den Vorderhufen und schnob mit seinen Nüstern in den Lärm hinaus; den Reiter aber wollte es überfallen, als sei hier alle Menschenmacht zu Ende; als müsse jetzt die Nacht, der Tod, das Nichts hereinbrechen.

Doch er besann sich: Es war ja Sturmflut; nur hatte er sie selbst noch nimmer so gesehen; sein Weib, sein Kind, sie saßen sicher auf der hohen Werfte, in dem festen Hause; sein Deich aber – und wie ein Stolz flog es ihm durch die Brust –, der Hauke-Haien-Deich, wie ihn die Leute nannten, der mochte jetzt beweisen, wie man Deiche bauen müsse!

Aber – was war das? – Er hielt an dem Winkel zwischen beiden Deichen; wo waren die Leute, die er hierher gestellt, die hier die Wacht zu halten hatten? – Er blickte nach Norden den alten Deich hinauf, denn auch dorthin hatte er Einzelne beordert. Weder hier noch dort vermochte er, einen Menschen zu erblicken; er ritt ein Stück hinaus, aber er blieb allein; nur das Wehen des Sturmes und das Brausen des Meeres bis aus unermessener Ferne schlug betäubend an sein Ohr. Er wandte das Pferd zurück: Er kam wieder zu der verlassenen Ecke und ließ seine Augen längs der Linie des neuen Deiches gleiten; er erkannte deutlich: Langsamer, weniger gewaltig rollten hier die Wellen heran; fast schien's, als wäre dort ein ander Wasser. „Der soll schon stehen!“, murmelte er, und wie ein Lachen stieg es in ihm herauf.

Aber das Lachen verging ihm, als seine Blicke weiter an der Linie seines Deiches entlangglitten: An der Nordwestecke – was war das dort? Ein dunkler Haufen wimmelte durcheinander; er sah, wie es sich emsig rührte und drängte – kein Zweifel, es waren Menschen! Was wollten, was arbeiteten die jetzt an seinem Deich? – Und schon saßen seine Sporen dem Schimmel in den Weichen, und das Tier flog mit ihm dahin; der Sturm kam von der Breitseite; mitunter drängten die Böen so gewaltig, dass sie fast vom Deiche in den neuen Koog hinabgeschleudert wären; aber Roß und Reiter wussten, wo sie ritten. Schon gewahrte Hauke, dass wohl ein paar Dutzend Menschen in eifriger Arbeit dort beisammen seien, und schon sah er deutlich, dass eine Rinne quer durch den neuen Deich gegraben war. Gewaltsam stoppte er sein Pferd: „Halt!“, schrie er; „halt! Was treibt ihr hier für Teufelsunfug?“

Sie hatten in Schreck die Spaten ruhen lassen, als sie auf einmal den Deichgraf unter sich gewahrten; seine Worte hatte der Sturm ihnen zugetragen, und er sah wohl, dass mehrere ihm zu antworten strebten; aber er gewahrte nur ihre heftigen Gebärden, denn sie standen alle ihm zur Linken, und was sie sprachen, nahm der Sturm hinweg, der hier draußen jetzt die Menschen mitunter wie im Taumel gegeneinanderwarf, sodass sie sich dicht zusammenscharten. Hauke maß mit seinen raschen Augen die gegrabene Rinne und den Stand des Wassers, das, trotz des neuen Profiles, fast an die Höhe des Deichs hinaufklatschte und Ross und Reiter überspritzte. Nur noch zehn Minuten Arbeit – er sah es wohl –, dann brach die Hochflut durch die Rinne, und der Hauke-Haien-Koog wurde vom Meer begraben!

Der Deichgraf winkte einem der Arbeiter an die andere Seite seines Pferdes. „Nun, so sprich!“, schrie er, „was treibt ihr hier, was soll das heißen?“

Und der Mensch schrie dagegen: „Wir sollen den neuen Deich durchstechen, Herr, damit der alte Deich nicht bricht!“

„Was sollt ihr?“

– „Den neuen Deich durchstechen!“

„Und den Koog verschütten? Welcher Teufel hat euch das befohlen?“

„Nein, Herr, kein Teufel; der Gevollmächtigte Ole Peters ist hier gewesen, der hat's befohlen!“

Der Zorn stieg dem Reiter in die Augen. „Kennt ihr mich?“, schrie er. „Wo ich bin, hat Ole Peters nichts zu

ordinieren[1]! Fort mit euch! An euere Plätze, wo ich euch hingestellt!"
Und da sie zögerten, sprengte er mit seinem Schimmel zwischen sie: „Fort, zu euerer oder des Teufels Großmutter!"
„Herr, hütet Euch!", rief einer aus dem Haufen und stieß mit seinem Spaten gegen das wie rasend sich gebärdende Tier; aber ein Hufschlag schleuderte ihm den Spaten aus der Hand, ein anderer stürzte zu Boden. Da plötzlich erhob sich ein Schrei aus dem übrigen Haufen, ein Schrei, wie ihn nur die Todesangst einer Menschenkehle zu entreißen pflegt; einen Augenblick war alles, auch der Deichgraf und der Schimmel, wie gelähmt; nur ein Arbeiter hatte gleich einem Wegweiser seinen Arm gestreckt; der wies nach der Nordwestecke der beiden Deiche, dort wo der neue auf den alten stieß. Nur das Tosen des Sturmes und das Rauschen des Wassers war zu hören. Hauke drehte sich im Sattel: Was gab das dort? Seine Augen wurden groß: „Herr Gott! Ein Bruch! Ein Bruch im alten Deich!"
„Euere Schuld, Deichgraf!", schrie eine Stimme aus dem Haufen: „Euere Schuld! Nehmt's mit vor Gottes Thron!"
Haukes zornrotes Antlitz war totenbleich geworden; der Mond, der es beschien, konnte es nicht bleicher machen; seine Arme hingen schlaff, er wusste kaum, dass er den Zügel hielt. Aber auch das war nur ein Augenblick; schon richtete er sich auf, ein hartes Stöhnen brach aus seinem Munde; dann wandte er stumm sein Pferd, und der Schimmel schnob und raste ostwärts auf dem Deich mit ihm dahin. Des Reiters Augen flogen scharf nach allen Seiten; in seinem Kopfe wühlten die Gedanken: Was hatte er für Schuld vor Gottes Thron zu tragen? – Der Durchstich des neuen Deiches – vielleicht, sie hätten's fertiggebracht, wenn er sein Halt nicht gerufen hätte; aber – es war noch eins, und es schoss ihm heiß zu Herzen, er wusste es nur zu gut – im vorigen Sommer, hätte damals Ole Peters' böses Maul ihn nicht zurückgehalten

1 befehlen

– da lag's! Er allein hatte die Schwäche des alten Deichs erkannt; er hätte trotz alledem das neue Werk betreiben müssen: „Herr Gott, ja, ich bekenn es!“, rief er plötzlich laut in den Sturm hinaus, „ich habe meines Amtes schlecht gewartet!“

Zu seiner Linken, dicht an des Pferdes Hufen, tobte das Meer; vor ihm, und jetzt in voller Finsternis, lag der alte Koog mit seinen Werften und heimatlichen Häusern; das bleiche Himmelslicht war völlig ausgetan; nur von einer Stelle brach ein Lichtschein durch das Dunkel. Und wie ein Trost kam es an des Mannes Herz; es musste von seinem Haus herüberscheinen, es war ihm wie ein Gruß von Weib und Kind. Gottlob, sie saßen sicher auf der hohen Werfte! Die andern, gewiss, sie waren schon im Geestdorf droben; von dorther schimmerte so viel Lichtschein, wie er niemals noch gesehen hatte; ja selbst hoch oben aus der Luft, es mochte wohl vom Kirchturm sein, brach solcher in die Nacht hinaus: „Sie werden alle fort sein, alle!“, sprach Hauke bei sich selber; „freilich auf mancher Werfte wird ein Haus in Trümmern liegen, schlechte Jahre werden für die überschwemmten Fennen kommen, Siele und Schleusen zu reparieren sein! Wir müssen's tragen, und ich will helfen, auch denen, die mir Leids getan; nur, Herr, mein Gott, sei gnädig mit uns Menschen!“

Da warf er seine Augen seitwärts nach dem neuen Koog; um ihn schäumte das Meer; aber in ihm lag es wie nächtlicher Friede. Ein unwillkürliches Jauchzen brach aus des Reiters Brust: „Der Hauke-Haien-Deich, er soll schon halten; er wird es noch nach hundert Jahren tun!“

Ein donnerartiges Rauschen zu seinen Füßen weckte ihn aus diesen Träumen; der Schimmel wollte nicht mehr vorwärts. Was war das? – Das Pferd sprang zurück, und er fühlte es, ein Deichstück stürzte vor ihm in die Tiefe. Er riss die Augen auf und schüttelte alles Sinnen von sich: Er hielt am alten Deich, der Schimmel hatte mit den Vorderhufen schon darauf gestanden. Unwillkürlich riss er das Pferd zurück; da flog der letzte Wolkenmantel von dem Mond und das milde Gestirn beleuchtete den

Graus[1], der schäumend zischend vor ihm in die Tiefe stürzte in den alten Koog hinab.
Wie sinnlos starrte Hauke darauf hin; eine Sündflut war's, um Tier und Menschen zu verschlingen. Da blinkte wieder ihm der Lichtschein in die Augen; es war derselbe, den er vorhin gewahrt hatte; noch immer brannte der auf seiner Werfte; und als er jetzt ermutigt in den Koog hinabsah, gewahrte er wohl, dass hinter dem sinnverwirrenden Strudel, der tosend vor ihm hinabstürzte, nur noch eine Breite von etwa hundert Schritten überflutet war; dahinter konnte er deutlich den Weg erkennen, der vom Koog heranführte. Er sah noch mehr: Ein Wagen, nein, eine zweiräderige Karriole kam wie toll gegen den Deich herangefahren; ein Weib, ja auch ein Kind saßen darin. Und jetzt – war das nicht das kreischende Gebell eines kleinen Hundes, das im Sturm vorüberflog? Allmächtiger Gott! Sein Weib, sein Kind waren es; schon kamen sie dicht heran, und die schäumende Wassermasse drängte auf sie zu. Ein Schrei, ein Verzweiflungsschrei brach aus der Brust des Reiters: „Elke!", schrie er; „Elke! Zurück! Zurück!"
Aber Sturm und Meer waren nicht barmherzig, ihr Toben zerwehte seine Worte; nur seinen Mantel hatte der Sturm erfasst, es hätte ihn bald vom Pferd herabgerissen; und das Fuhrwerk flog ohne Aufenthalt der stürzenden Flut entgegen. Da sah er, dass das Weib wie gegen ihn hinauf die Arme streckte: Hatte sie ihn erkannt? Hatte die Sehnsucht, die Todesangst um ihn sie aus dem sicheren Haus getrieben? Und jetzt – rief sie ein letztes Wort ihm zu? – Die Fragen fuhren durch sein Hirn; sie blieben ohne Antwort: Von ihr zu ihm, von ihm zu ihr waren die Worte all verloren; nur ein Brausen wie vom Weltenuntergang füllte ihre Ohren und ließ keinen andern Laut hinein.
„Mein Kind! O Elke, o getreue Elke!", schrie Hauke in den Sturm hinaus. Da sank aufs Neu ein großes Stück des Deiches vor ihm in die Tiefe und donnernd stürzte das Meer sich hinterdrein; noch einmal sah er drunten

[1] Schrecknis, Unwetter

den Kopf des Pferdes, die Räder des Gefährtes aus dem wüsten Gräuel emportauchen und dann quirlend darin untergehen. Die starren Augen des Reiters, der so einsam auf dem Deiche hielt, sahen weiter nichts. „Das Ende!", sprach er leise vor sich hin; dann ritt er an den Abgrund, wo unter ihm die Wasser, unheimlich rauschend, sein Heimatdorf zu überfluten begannen; noch immer sah er das Licht von seinem Hause schimmern; es war ihm wie entseelt. Er richtete sich hoch auf und stieß dem Schimmel die Sporen in die Weichen; das Tier bäumte sich, es hätte sich fast überschlagen; aber die Kraft des Mannes drückte es herunter. „Vorwärts!", rief er noch einmal, wie er es so oft zum festen Ritt gerufen hatte: „Herr Gott, nimm mich; verschon die andern!"
Noch ein Sporenstich; ein Schrei des Schimmels, der Sturm und Wellenbrausen überschrie; dann unten aus dem hinabstürzenden Strom ein dumpfer Schall, ein kurzer Kampf.
Der Mond sah leuchtend aus der Höhe; aber unten auf dem Deiche war kein Leben mehr als nur die wilden Wasser, die bald den alten Koog fast völlig überflutet hatten. Noch immer aber ragte die Werfte von Hauke Haiens Hofstatt aus dem Schwall hervor, noch schimmerte von dort der Lichtschein, und von der Geest her, wo die Häuser allmählich dunkel wurden, warf noch die einsame Leuchte aus dem Kirchturm ihre zitternden Lichtfunken über die schäumenden Wellen."

Der Erzähler schwieg; ich griff nach dem gefüllten Glase, das seit lange vor mir stand; aber ich führte es nicht zum Munde; meine Hand blieb auf dem Tische ruhen.
„Das ist die Geschichte von Hauke Haien", begann mein Wirt noch einmal, „wie ich sie nach bestem Wissen nur berichten konnte. Freilich, die Wirtschafterin unseres Deichgrafen würde sie Ihnen anders erzählt haben; denn auch das weiß man zu berichten: Jenes weiße Pferdsgerippe ist nach der Flut wiederum, wie vormals, im Mondschein auf Jevershallig zu sehen gewesen; das ganze Dorf will es gesehen haben. – So viel ist sicher: Hauke Haien mit Weib und Kind ging unter in dieser

Flut; nicht einmal ihre Grabstätte hab ich droben auf dem Kirchhof finden können; die toten Körper werden von dem abströmenden Wasser durch den Bruch ins Meer hinausgetrieben und auf dessen Grunde allmählich in ihre Urbestandteile aufgelöst sein – so haben sie Ruhe vor den Menschen gehabt. Aber der Hauke-Haien-Deich steht noch jetzt nach hundert Jahren, und wenn sie morgen nach der Stadt reiten und die halbe Stunde Umweg nicht scheuen wollen, so werden Sie ihn unter den Hufen Ihres Pferdes haben.
Der Dank, den einstmals Jewe Manners bei den Enkeln seinem Erbauer versprochen hatte, ist, wie Sie gesehen haben, ausgeblieben, denn so ist es, Herr: Dem Sokrates[1] gaben sie ein Gift zu trinken und unsern Herrn Christus schlugen sie an das Kreuz! Das geht in den letzten Zeiten nicht mehr so leicht; aber – einen Gewaltsmenschen oder einen bösen stiernackigen Pfaffen zum Heiligen oder einen tüchtigen Kerl, nur weil er uns um Kopfeslänge überwachsen war, zum Spuk und Nachtgespenst zu machen – das geht noch alle Tage.“
Als das ernsthafte Männlein das gesagt hatte, stand es auf und horchte nach draußen. „Es ist dort etwas anders worden“, sagte er und zog die Wolldecke vom Fenster; es war heller Mondschein. „Seht nur“, fuhr er fort, „dort kommen die Gevollmächtigten zurück; aber sie zerstreuen sich, sie gehen nach Hause; – drüben am andern Ufer muss ein Bruch geschehen sein; das Wasser ist gefallen.“
Ich blickte neben ihm hinaus; die Fenster hier oben lagen über dem Rand des Deiches; es war, wie er gesagt hatte. Ich nahm mein Glas und trank den Rest: „Haben Sie Dank für diesen Abend!“, sagte ich, „ich denk, wir können ruhig schlafen!“
„Das können wir“, entgegnete der kleine Herr, „ich wünsche von Herzen eine wohlschlafende Nacht!“
– – Beim Hinabgehen traf ich unten auf dem Flur den Deichgrafen; er wollte noch eine Karte, die er in der

---

[1] griech. Philosoph (470-399 v. Chr.), der wegen angeblicher „Gottlosigkeit“ zum Tode durch Gift („Schierlingsbecher“) verurteilt wurde

Schenkstube gelassen hatte, mit nach Hause nehmen. „Alles vorüber!", sagte er. „Aber unser Schulmeister hat Ihnen wohl schön was weisgemacht; er gehört zu den Aufklärern!"

– „Er scheint ein verständiger Mann!"

„Ja, ja, gewiss; aber Sie können Ihren eigenen Augen doch nicht misstrauen; und drüben an der andern Seite, ich sagte es ja voraus, ist der Deich gebrochen!"

Ich zuckte die Achseln: „Das muss beschlafen werden! Gute Nacht, Herr Deichgraf!"

Er lachte: „Gute Nacht!"

– – Am andern Morgen, beim goldensten Sonnenlichte, das über einer weiten Verwüstung aufgegangen war, ritt ich über den Hauke-Haien-Deich zur Stadt hinunter.

Anhang

1. Zur Biografie des Autors

Markus Felder: Theodor Storm – Kurzbiografie

1817	Geburt am 14. September als Sohn des Advokaten Johann Casimir Storm und seiner Frau Lucie Storm aus dem Patriziergeschlecht der Woldsen in Husum.
1826 - 1835	Besuch der Gelehrtenschule (Gymnasium) in Husum.
1835 - 1837	Wechsel auf das Lübecker Katharineum zur Ablegung des Abiturs. In der Schulzeit erste dichterische Versuche.
1837-1842	Studium der Jurisprudenz in Kiel (1838-1839 in Berlin). Freundschaft mit Theodor und Tycho Mommsen; durch sie lernt er Eduard Mörikes „Gedichte“ kennen. 1840 erste Gedichte im „Album der Boudoirs“. Zusammen mit den Mommsens sammelt er Sagen, Märchen und Lieder. Nach seinem juristischen Abschlussexamen 1842 Rückkehr nach Husum.
1843	Eröffnung einer Anwaltspraxis. Das „Liederbuch dreier Freunde“ erscheint mit vierzig Gedichten Storms.
1846	Eheschließung mit seiner Cousine Constanze Esmarch.
1847-1850	Erste Prosaskizzen; 1849 erste Novelle („Immensee“). 1850 Beginn eines Briefwechsels mit Mörike.

1852-1855	Nach mehrmaliger Parteinahme für die schleswig-holsteinische Freiheitsbewegung und seinem Eintreten für die Aufkündigung der Personalunion Schleswig-Holsteins mit Dänemark wird sein Antrag auf Bestätigung der Anwalts-Zulassung Ende 1852 durch die dänischen Behörden abgelehnt.
1856	Ernennung zum Kreisrichter in Heiligenstadt im Eichsfeld (Thüringen).
1864	Wahl Storms zum Landvogt im Landkreis Husum, das nach dem Krieg gegen Dänemark deutsch ist.
1865	Am 20. Mai stirbt Storms Frau bei der Geburt ihres siebten Kindes am Kindbettfieber. Storm besucht Iwan Turgenjew in Baden-Baden.
1866	Eheschließung mit Dorothea Jensen.
1867-1880	1867 Amtsrichter in Husum nach der Aufhebung der Landvogtei; später Oberamtsrichter, ab 1879 Amtsgerichtsrat. 1880 vorzeitige Pensionierung; Ruhestand in Hademarschen. Als Lyriker schreibt Storm liedhafte Erlebnislyrik, in der idyllische Zustände (Heimat, Familie, Liebe) als vergangen oder bedroht dargestellt werden; auch in seinen insgesamt 58 Novellen (u. a. „Pole Poppenspäler“, „Aquis submersus“, „Hans und Heinz Kirch“) stimmungshaft-lyrische Grundhaltung. Das Spätwerk umfasst vorwiegend realistische Schicksals- und Chroniknovellen. Besonders mit ihnen gelingt es ihm, das Ziel seines Schreibens zu verwirklichen, das er in einem Brief an den Berliner Literarhistoriker Erich Schmidt zum Ausdruck gebracht hat: „den Leser in einer herben Nach-

denklichkeit zurückzulassen“ (September 1881).

1888 Im Frühjahr Druck der letzten vollendeten Novelle „Der Schimmelreiter“.
4. Juli: Storm stirbt in Hademarschen an Krebs.

Literatur

- Hartmut Vincon: Theodor Storm in Selbstzeugnissen und Bilddokumenten. Reinbek: Rowohlt, rororo Monografie, 1972.
- Karl Ernst Laage: Theodor Storm. Leben und Werk. Husum: Druck- und V.G., 6. Aufl., 1993.
- Karl Ernst Laage: Theodor Storms Dichter-Welt. Heide: Westholsteinische Verlagsanstalt, 1995.
- Regina Fasold: Theodor Storm. Stuttgart: Metzler, 1997.

Storms Arbeitszimmer in seinem Haus in Hardemarschen. Hier schrieb er die Novelle „Der Schimmelreiter“.

(Foto: Archiv der Theodor-Storm-Gesellschaft, Husum)

Theodor Storm - Fotografie aus dem Jahr 1887
(Foto: Archiv der Theodor-Storm-Gesellschaft, Husum)

2. Zum sachlichen Hintergrund der Novelle

Dichtung stellt eine Wirklichkeit eigener Art dar. Aufgabe der Interpretation ist es, diese in ihrer Eigengesetzlichkeit und in ihrer historischen Bedingtheit zu erfassen. Keineswegs ist ein Werk der Literatur dann erklärt, wenn es auf außerliterarische Vorbilder zurückgeführt werden konnte. Bewusst durchkreuzen deshalb Autoren solchen Umgang mit Literatur dadurch, dass sie eindeutige Lokalisierungen und unmittelbare Bezüge zu historischen Persönlichkeiten vermeiden.

Dennoch stellt sich die Frage, welche Elemente der Realität in ein Werk eingegangen sind. Ihre Kenntnis schafft sachliche Grundlagen, die zum Verständnis der dargestellten Welt erforderlich sind. Die Frage nach dem Realitätsbezug stellt sich besonders bei Werken, die den Anspruch der Lebensechtheit erheben bzw. die den Eindruck der Realitätsnähe hervorrufen.

Reimer Kay Holander ist ihr im Hinblick auf Storms „Schimmelreiter" nachgegangen. Im vorliegenden Kapitel seines Buches, das in der Reihe „Dichtung und Wirklichkeit" erschien, widmet er sich der Frage, welche historischen Persönlichkeiten hinter der Figur des Hauke Haien sichtbar werden.

Reimer Kay Holander: Wer war der Schimmelreiter?

„In der Mitte des vorigen Jahrhunderts", so beginnt in der Novelle der Schulmeister seinen Bericht vom Leben des Hauke Haien, „oder vielmehr, um genauer zu bestimmen, vor und nach derselben, gab es hier einen Deichgrafen, der von Deich- und Sielsachen[1] mehr verstand, als Bauern und Hofbesitzer sonst zu verstehen pflegen." Der Leser wird damit in das 18. Jahrhundert geführt, auf das auch die weiteren Zeitangaben hinweisen.

1 vgl. Textausgabe S. 10

Eine genauere Zuordnung von Haukes Lebenslauf zur historischen Zeit ist freilich nur annähernd möglich; auch hier hat Storm, und sicher ebenso bewusst, eine Unschärfe in der zeitlichen Fixierung ins Spiel gebracht, wie sie ähnlich in Bezug auf die Lokalisierung der Novellenhandlung schon bemerkt werden konnte. Haukes Hinweis z. B., „vor dreißig Jahren ist der alte Deich gebrochen, dann rückwärts vor fünfunddreißig, und wiederum vor fünfundvierzig Jahren", lässt sich, wenn man 1634 und 1717 als Bezugspunkte nehmen will, in die Reihe der historisch belegten Fluten in keiner Weise einordnen. Und die Angabe „Anno 17" an anderer Stelle legt zwar nahe, an das Jahr der Weihnachtsflut 1717 zu denken, in der u. a. die Große Wehle[1] an der Arlau[2] einriss, und doch könnte der Schimmelreiter nicht schon in jenem Jahr in Erscheinung getreten sein, wenn die Person, auf die der Spuk zurückgeführt wird, erst 1756 das Leben verloren hat. Auch würde der Deichbau Hauke Haiens, als ein bäuerliches Unternehmen, viel eher in eines der früheren Jahrhunderte, allenfalls noch ins 17. gehören; im 18. steht es – das wurde oben gezeigt – ganz außerhalb der Zeittendenz. Das alles sind Ungereimtheiten, die von vornherein zur Vorsicht mahnen und die doch immer wieder missachtet werden, wenn eilfertige Interpreten oder harmlose Leser versuchen, den Schimmelreiter in der Geschichte Nordfrieslands zu finden.

Gleichwohl ist es nützlich, zum besseren Vergleich mit historischen Gestalten den fiktiven[3] Lebenslauf Hauke Haiens einmal zu skizzieren, so wie er sich aus den verstreuten Angaben in der Novelle rekonstruieren lässt. Als Bezugspunkt bietet sich Haukes Bemerkung an, dass der alte Deich vor dreißig Jahren gebrochen sei, die er kurz vor Beginn des eigenen Deichbaus macht und die man noch am ehesten auf das Jahr 1717 beziehen kann.

---

1 „ein bei einem Deichbruch hinter dem Deich ausgewühltes tiefes Loch" (M.)

2 Küstenfluss, der ins nordfriesische Wattenmeer mündet (vgl. die Kartenskizze S. 150)

3 erdichteten

Danach könnte 1715 als das Geburtsjahr Hauke Haiens angenommen werden und die Novellenhandlung setzt dann etwa mit dem 16. Lebensjahr des Helden ein. 1732 wird Hauke konfirmiert, im folgenden Jahr tritt er seinen Dienst bei dem Deichgrafen Tede Volkerts an, wo er, zuletzt als Großknecht, bis 1738 bleibt; in diesem Jahr stirbt sein Vater. 1739 – Hauke ist „kaum 24“ – findet die Verlobung mit Elke Volkerts statt, noch im gleichen Jahr, nach dem Tode von Elkes Vater, die Hochzeit und die Ernennung Haukes zum Deichgrafen. Als er den Entschluss zum Deichbau fasst, ist Hauke sieben Jahre im Amt, in den beiden folgenden Jahren, also 1747/48, wird der Deichbau ausgeführt. In dieser Zeit, im neunten Ehejahr, wird die Tochter Wienke geboren. Als Jahr des Todes – Hauke stand zu diesem Zeitpunkt in seinem zweiundvierzigsten Lebensjahr – ist ausdrücklich das Jahr 1756 angegeben, und wenn man so will, kann man die Angabe „im Oktober“ auf den 7. Oktober jenes Jahres beziehen, für den eine schwere Sturmflut belegt ist.

Dieser Weg eines Sohnes kleiner Leute zum großen Hofbesitzer durch Einheirat und durch eigene Fähigkeiten zum Deichgrafen ist ein zwar bemerkenswerter, jedoch kein ungewöhnlicher Lebenslauf. Nichts daran ist romanhaft oder unglaubwürdig, und wahrscheinlich ist es dieser Umstand, der ganz wesentlich dazu beigetragen hat, dass Hauke Haien vielfach für eine historische Gestalt gehalten wurde – und wird – oder dass doch wenigstens immer wieder die Frage gestellt wird: „Wer war der Schimmelreiter?“

In der Novelle hat Storm selber einen Hinweis gegeben, wenn er durch den Mund des Schulmeisters jenen Hans Momsen von Fahretoft[1] nennen lässt, „der ein Bauer war und doch Bussolen[2] und Seeuhren, Teleskopen und Orgeln machen konnte“. Dieser Hans Momsen, der von 1735 bis 1811 gelebt hat, ist auch heute noch im Bewusstsein der Menschen in Nordfriesland lebendig. Schon Zeitgenossen

---

[1] Ort nördlich des Hauke-Haien-Koogs (vgl. die Kartenskizze S. 150)

[2] vgl. Textausgabe S. 10

haben über diesen bemerkenswerten Mann geschrieben und nach ihnen spätere Autoren wie jener Kirchenmann und Pädagoge Claus Harms, dessen kleines Lesestück aus dem „Schleswig-Holsteinischen Gnomon[1]" Storm ganz offensichtlich als Vorlage gedient hat. Aus diesem Grunde und weil es zugleich ein kurz gefasstes Lebensbild Hans Momsens vermittelt, sei dieses Stück hier wiedergegeben:

„Hans Momsen.
Ein Zahl-, ein Maß- und auch ein Kraftmann[2]. Ein Friese.
(Die Friesen rechnen gut.)
(Nach Paulsen und Sörensen in den Prov. Berichten 1813 und 14.)

Hans Momsen, geboren 1735 in Fahretoft und gestorben in Fahretoft 1811, gehört zu den merkwürdigsten Männern, die unser Vaterland aufzuweisen gehabt und nach ihrem Tode den Nachkommen darzustellen hat; während sie leben, tun sie es selber.
Was ist er gewesen? Ein Landmann und eines Landmannes Sohn, der als ein solcher sich zu einem Mathematiker und zu einem Künstler gemacht hat. Er hat sich dazu gemacht, das ist in einem so genauen Wortsinn zu nehmen, wie bei nicht vielen, die auch etwas aus sich oder sich zu etwas gemacht haben. Die Schule des Orts kann sich Momsens als ihres Zöglings nicht rühmen, im Gegenteil, sein Schullehrer hatte gar kein Wohlgefallen daran, dass der Schüler schön ritzen und pricken[3] konnte, wie seine Risse und Figuren genannt wurden. Das Haus hob ihn auch so wenig, dass der Vater vielmehr höchst unzufrieden damit war, wenn der Sohn zeichnete, goss, lötete, drechselte. Und Privatstunden hat Momsen nicht eine einzige gehabt; wer sollte sie ihm gegeben haben in Fahretoft? Doch der Schmied daselbst war sein Freund.
Wie meistens die ersten Anreize, die dem Geist eine Richtung geben, im Verborgenen gelegen sind, also bei Mom-

1 „ein Volks- und Schullesebuch, insonderheit für die Herzogtümer Schleswig und Holstein, Kiel 1843 (Holander: Anm. 49)
2 Handwerker (vgl. engl. „craftsman"); steht im 18. Jh. auch für „Genie"
3 „reißen (= zeichnen) und stechen (= mit dem Zirkel messen)" (Holander: Anm. 51)

sen auch, indessen, was ihn insonderheit für die Mathematik ein- und hingenommen hat, darüber findet sich eine Nachricht. Sein Vater, der etwas vom Landmessen verstand, zeichnete einmal die Figur eines gemessenen Stück Landes. Der Sohn sah zu und fragte den zeichnenden und berechnenden Vater einmal, warum dies eben so und nicht anders wäre. Die Frage schien dem Vater nicht übel, er konnte sie aber nicht beantworten, die Theorie ging ihm ab, und sagte: Suche auf dem Boden unter meinen Büchern da eins heraus, das Euklid[1] betitelt ist, das wird dir sagen, was du verlangst. Er fand den Euklid, aber der war in einer Sprache geschrieben, die er nicht verstand, in holländischer. Mit Hülfe einer holländischen Fibel und einer holländischen Bibel ward er aber bald der Sprache mächtig, dagegen die Figuren machten ihm ziemlich lange zu schaffen. Wo er ging und stand, trug er seinen Euklid bei sich und studierte ihn so fleißig, dass er in seinem vierzehnten Jahr ihn doch völlig innehatte. Daneben trieb er viele andere Dinge, bauete kleine Mühlen, Schiffe, arbeitete in Stahl, Messing, Kupfer und Blei. Dem Vater gefiel das wenig und um die Grillen[2], wie er's nannte, dem Sohn recht gründlich auszutreiben, schickte er ihn nach der Konfirmation, im Sommer 1752, an den Deich, wo er von Ostern bis Martini[3] den ganzen Tag Erde schieben musste. Allein auch hier setzte er seine Studien fort in den Zwischenstunden, und eine Nacht um die andere wandte er für seine wissenschaftlichen und mechanischen Arbeiten an. Im Winter darauf war er fleißig besonders in Verfertigung verschiedener Instrumente, Messketten[4], Boussolen, Bestecke[5] u. a. m., die alle sich durch Genauigkeit und Schönheit auszeichneten. Im Frühjahr ging er als Landmesser nach Dithmarschen[6], woselbst er sich durch den Verkauf solcher Instrumente und auch durch seine Landmesserarbeit eine ziemlich bedeutende Summe Geld erwarb.

1 vgl. S. 11
2 sonderbare Gedanken
3 11. November
4 Vorläufer des Bandmaßes
5 Satz von Instrumenten
6 Landschaft zwischen Elbe und Eider

Zurück aus Dithmarschen gekommen im Herbst, setzte er den Beutel vor seinen Vater hin mit den Worten: Sehet hier, Vater, dass ich doch im Stand bin, Brot zu verdienen. Nächst ihrer Kinder Seligkeit haben gute Eltern ja keine größere Sorg als die, dass die Kinder Brot verdienen lernen und einst ihr eignes wohlverdientes Brot essen können; es gibt aber so viele, die auf dem Wege der Kunst und Wissenschaft ganz verdeihen[1], Spaten und Hobel sind zuverlässigere Instrumente. Bei dem Anblick des Verdienstes erklärte der Vater dem Sohn, dass er ihm seinen Willen freigebe, er wolle ihn auch nicht mehr in seinen Beschäftigungen stören. Diese Stunde hat Momsen die froheste seines ganzen Lebens genannt und Tränen entquollen noch bei der Erzählung seinen Augen. So nun, von der Zufriedenheit seines Vaters mit ihm, die ihm bisher gefehlt hatte, bei seinen Arbeiten begleitet, trieb er im Sommer das Landmessen vornehmlich, im Winter studierte er, machte Kupferstiche und Holzschnitte, schliff und polierte Gläser, verfertigte Teleskopen, Sextanten und Oktanten[2]. Auch Uhren vielerlei Art hat er gemacht, auch eine mit einem Glockenspiel und eine Seeuhr, in späteren Jahren auch eine niedliche Orgel. Er spielte selbst einen vierstimmigen Choral, bediente sich aber der Ziffern, da er in seinen späteren Jahren die Noten nicht mehr lernen mochte; die Theorie der Musik kannte er gründlich. Wie er früh die holländische Sprache gelernt hatte, so lernte er später und so nachgerade, wie er zu den Büchern in andern Sprachen kam, Dänisch, Französisch, Englisch und, versteht sich, auch Latein, er hat sogar ein kleines Werk über Astronomie zu seinem Vergnügen aus dem Lateinischen ins Deutsche übersetzt. Geografie, Geschichte, Naturlehre, Anthropologie[3], diese Wissenschaften waren Momsen unbekannt eben nicht, auch las er in seinem Alter mit Vergnügen englische Bücher über Religion, doch bewegte sein Geist sich vornehmlich in der Astronomie, Geometrie, Tri-

1 Gegensatz zu „gedeihen“
2 seemännische Winkelmessgeräte
3 Wissenschaft vom Menschen

gonometrie, Algebra, Hydraulik, Optik, Gnomonik[1], Mechanik und Navigation[2]. Eine große Anzahl Seemänner, die als Steuermänner und Kapitäne die ganze Welt befahren, danken Momsen ihre Bildung. Andre dienten und dienen der Welt in andern Fächern, von ihm angeregt und angeleitet. Im Sommer 1793 besuchte er Kopenhagen, wo er aufs Freundschaftlichste von mehreren Gelehrten und hohen Beamten empfangen wurde. In der Königlichen und in der Universitäts-Bibliothek sah er, größtenteils zum ersten Mal, die Hülfsmittel, die ihm bisher nur dem Namen nach bekannt waren.

Bei diesen wissenschaftlichen und künstlerischen Beschäftigungen, wie Momsen sie mit vielem Fleiße trieb, lässt sich allerdings nicht denken, dass er auch ein ebenso tüchtiger Bauer und Hauswirt gewesen sei. Nein, aber er hatte eine treffliche Frau, welche die Wirtschaft wohl verstand und derselben eben so wohl vorstand. So konnte er denn leben von dem Ertrag seines Besitzes, zumal da er ihn meistens verpachtet hatte und, was hier hauptsächlich in Betracht kommt, äußerst einfach lebte. Er war ein Bauer und blieb einer in Essen, Trinken, Wohnung, Kleidung und Umgang. Er wurde geehrt und geliebt von seinen Landsleuten und viel gesucht, um Rat von ihm zu hören in ihren dortigen Angelegenheiten; seine Meinung galt wie ein Orakelspruch. Wenn er sprach, gewöhnlich plattdeutsch und friesisch, hörten alle schweigend und ehrerbietig zu. Langsam und bedächtig war seine Sprache, doch disputierte[3] er gern und es war seine Weise, ruhig anzuhören und mit einer Miene, als gäbe er wohl Beifall, dann aber machte er eine kleine Bemerkung und setzte seinen Gegner unerwartet in die Enge. Übrigens war Eigensinn seiner Seele so fremd, wie es der Eigennutz war.

Die Lasten des Alters hat er zu tragen bekommen. Einige Jahre vor seinem Tode verlor er sein Gehör fast gänzlich, so wurde auch sein Gedächtnis schwach, dennoch arbei-

1 Gnomon: „senkrecht stehender Stab, aus dessen Schattenlänge sich die Höhe des Sonnenstandes bestimmen lässt"

2 Bestimmung des Standortes und Kontrolle des Kurses von Schiffen

3 disputieren: erörtern, ein Streitgespräch führen

tete er dabei immer fort in seiner Weise, sogar erteilte er bei diesem Leibes- und Geisteszustand immer noch Unterricht."

*

„Ein Stück von solch einem Manne" war also auch Vater Tede Haien, aber das Wesentliche ist doch die Episode aus der Jugend Hans Momsens, der das Bild des jungen Hauke Haien nachgezeichnet ist. Die holländischen Bücher auf dem Boden von Hans Momsens Vaterhaus – unter ihnen der „Euklid", dessen 15 Bücher, von Claas Jansz Vooght herausgegeben, seinerzeit verbreitet waren – stammten übrigens von seinem Großvater Jens Jacobsen, der Navigationslehrer in den Niederlanden gewesen war. Mit den Jugendjahren enden allerdings auch die Übereinstimmungen. Wohl ist Hans Momsen 1787 Deichvogt in Fahretoft geworden, 1788/89 war er als Landmesser am Bau des Reußenkoogs[1] beteiligt und Graf Reuß hat versucht, ihn als Koogsinspektor für seine Köge zu gewinnen, was Momsen abgelehnt hat. Aber mit dem Großbauern Hauke Haien ist er doch nicht zu vergleichen, es heißt, dass er nicht einmal seine eigenen Kühe kannte, und auf einem Pferd, was das betrifft, hat er vielleicht sein Leben lang nicht gesessen. Zu den Großbauern gehörten aber ohne Zweifel jene Glieder der Familie Iwersen-Schmidt auf Lundenberg in der Hattstedter Marsch[2], die A. Busch in seinem bereits genannten „Neuen Beitrag zum Schauplatz der Schimmelreiternovelle" mit dem *„Schimmelreiter"* in Verbindung gebracht hat. Diese Familie hat im Laufe eines reichlichen Jahrhunderts, zwischen 1812 und 1921, der Hattstedter-Marsch-Kommüne[3] nicht weniger als vier Deichgrafen gestellt, von 1837 an ohne Unterbrechung. Busch kann mitteilen, dass Storm in dieser Familie verkehrte, und er führt einige Details an, die in die Novelle Eingang gefunden haben könnten. Dazu gehört vor allem die Gestalt Johann

---

1 „ein durch Eindeichung dem Meere abgewonnener Landbesitz" (S.)
2 „dem Meere abgewonnenes Land"
3 Sie heißt heute „Gemeinde Hattstedtermarsch". Gemeint ist also die Verwaltungseinheit.

Iwersen-Schmidts sen. (1798-1875), der von 1837-1875 Deichgraf war – nach einer Notiz auf der Familienstammtafel „der bedeutendste und gefürchtetste" – und der sich, wie Busch schreibt, „gerade dadurch große Verdienste erworben hat, weil in damaliger Zeit die Deichunterhaltung sehr schwierig war und einen energischen Mann erforderte". Einen neuen Koog hat er allerdings nicht gewonnen; noch heute ist der Deich des Hattstedter Neuen Kooges von 1512 Seedeich. Wahrscheinlich hat Storm auch an der Beerdigung dieses Deichgrafen teilgenommen, deren Einzelheiten er dann für die Schilderung des Begräbnisses von Tede Volkerts verwendet haben mag. Über den Vater Hans Iwert-Schmidt (1774-1824), der von 1812-1814 Deichgraf gewesen war, steht im Hattstedter Kirchenbuch zu lesen, dass er 1824 „nicht weit von seinem Hause in einem Graben ertrunken" sei. Nach der Überlieferung in der Familie soll der Unfall in der Weise geschehen sein, dass dem Reiter, der einen Schimmel geritten habe, bei stürmischem Wetter der Umhängemantel über den Kopf geweht worden sei, wodurch das Pferd gescheut und den Reiter abgeworfen habe.

Nun, das sind Details, Motive, wie es sie mehr in den Marschen und Kögen nördlich von Husum geben mag. Aber es sind eben auch nicht mehr als Details, die dem Dichter hilfreich gewesen sein mögen, sofern er sie gekannt hat und sofern er nur hinreichend großzügig mit der zeitlichen Zuordnung umgehen wollte. Einen Schimmelreiter ergeben sie allesamt noch nicht. Das gilt übrigens nicht nur für das „Schimmelreiter-Land" zwischen Hattstedt und Fahretoft, sondern überhaupt für die nordfriesischen Marschen. Auf das Fehlen jeglichen einschlägigen historischen Belegs in Eiderstedt wurde schon hingewiesen und in anderen Teilen Nordfrieslands sind Umstände, aufgrund derer Anspruch auf einen Schimmelreiter erhoben werden könnte, bisher nicht bekannt geworden.

Bleibt die Sache mit dem neuen Deichprofil, das im Gegensatz zu den herkömmlichen steilen Stackdeichen[1] „all-

[1] Sie fallen zur Seeseite hin nicht flach ab, sondern haben dort ein steiles Bollwerk.

mählich verlaufend nach der Seeseite abfallen sollte“ und dessen Erfindung in der Novelle Hauke Haien zugeschrieben wird. A.W. Geerkens, davon war schon die Rede, hat seine Würdigung des königlichen Konferenzrates Jean Henri Desmercieres u. a. darauf gegründet, dass dieser das moderne Profil für die Deiche seiner Köge verwendet habe, und hat ihn deshalb mit der Gestalt des Schimmelreiters in Verbindung gebracht. In der Tat haben die Desmercieres'schen Deiche zu ihrer Zeit Furore gemacht[1]. Erfunden freilich hat der Herr Konfenrenzrat diese technische Neuerung nicht; er hat nur aufgegriffen und realisiert, was andere vor ihm schon wussten, und er hatte eben auch die nötigen Geldmittel zur Verfügung, die anderen Unternehmern in Nordfriesland fehlten.

Jean Henri Desmercieres war schon im Reichtum aufgewachsen, woran auch die wirren Zeitumstände seiner ersten Lebensjahre nichts änderten. Er war 1687 als unehelicher Sohn des Finanzmannes Jean Henri Huguetan, eines Hugenotten[2], und einer Putzmacherin[3] aus der Rue des Merciers in Paris geboren worden. 1685 hatte Ludwig XIV.[4] das Edikt von Nantes[5] aufgehoben. Aus diesem Grunde, offenbar aber auch aus gewissen geschäftlichen Rücksichten hatte Huguetan Frankreich verlassen und war schließlich in Kopenhagen zum Finanzier und Berater Frederiks IV. [6] aufgestiegen und als Graf Gyldensteen geadelt worden. Den in Paris zurückgelassenen Sohn hatte er jedoch nicht vergessen, im Gegenteil, er ließ ihm eine überaus sorgfältige Erziehung angedeihen und holte ihn 1725 gleichfalls nach Dänemark. Schon 1727 wurde Jean Henri Desmercieres zum königlichen Konferenzrat ernannt. 1737 gründete er die Königliche Bank in Kopenhagen, deren Direktor er fast vier Jahrzehnte blieb. 1767 wurde er Präsi-

[1] Aufsehen erregt
[2] franz. Protestanten
[3] Hutmacherin
[4] franz. König (1643 – 1715)
[5] Im Edikt von Nantes (1598) erhielten die Hugenotten Religionsfreiheit und politische Rechte.
[6] dänischer König (1699-1730)

dent des Generalkollegiums für Wirtschaft und Handel, ein Jahr später Ritter des Elefantenordens[1], verbunden mit der Erhebung in den Adelsstand. Erst 1776, zwei Jahre vor seinem Tode, wurde er als dänischer Untertan naturalisiert[2]. In den Jahren 1730 und 1731 bereisten Graf Gyldensteen und sein Sohn Desmercieres die nordfriesischen Marschen. Die unmittelbare Folge davon war der gemeinsame Erwerb des Oktroys[3] für das Bredstedter Vorland, die weitere Folge aber die Bedeichung dreier Köge durch Desmercieres. Dieser war jedoch nicht nur an Landgewinnung in Nordfriesland interessiert, sondern ebenso an der Bewirtschaftung von Gütern, deren er mehrere im holsteinischen Güterdistrikt zwischen Kiel und Rendsburg erwarb; beide Bereiche seiner wirtschaftlichen Aktivität stehen in einer gewissen Beziehung zueinander. Die Tatsache, dass Desmercieres 1743, kurz nach der Bedeichung des Sophie-Magdalenen-Koogs, das 5000 ha große adlige Gut Emkendorf am Westensee, das damals größte Gut des Landes, für 80 000 Reichstaler erwarb (nachdem er zuvor schon die Güter Warleberg, Rathmannsdorf und Quarnbek gekauft hatte), gibt einen Hinweis auf die finanziellen Mittel, die diesem Mann zur Verfügung gestanden haben müssen, auch wenn man einrechnet, dass die Erlöse aus den Landverkäufen im Sophie-Magdalenen-Koog einen Teil der Kaufsumme für Emkendorf ausgemacht haben werden. Zwanzig Jahre später, 1764, hat Desmercieres Emkendorf wieder verkauft, um mit dem Geld die Gewinnung des Demerciereskooges finanzieren zu können. Dass aber Desmercieres nicht nur ein Finanzgenie, sondern überhaupt ein praktisch denkender und seine Vorhaben klug ins Werk setzender Mann war, dafür legen seine drei Köge Zeugnis ab – einschließlich ihrer Deiche, die er nach den neuesten Kenntnissen seiner Zeit errichten ließ.

---

1 höchster dänischer Orden (in der jetzigen Form seit 1693)

2 eingebürgert

3 aus franz. „octroi"= Bewilligung, Erteilung, Verleihung; danach entsprechend „oktroyierter Koog"

Zum ersten Mal aber war schon anderthalb Jahrhunderte vor Desmercieres in Nordfriesland ein Deich unter Verwendung eines abgeflachten Profils gebaut worden: 1610 bei der Gewinnung des Sieversflether Kooges an der Nordküste von Eiderstedt. Der Erbauer dieses Kooges war der niederländische Deichbaumeister Rolweghen in Tönning. Ob er nun auch der Erfinder des bewussten Deichprofils ist, ist unbekannt. Möglicherweise hat er nur die entsprechenden technischen Kenntnisse aus den Niederlanden mitgebracht, die dann allerdings, verbunden mit der Gunst Herzog Johann Adolfs[1], seinen Aufstieg zum Generaldeichgrafen in den herzoglichen Marschgebieten ermöglicht haben.

Jan Claasz Rolweghen oder Johann Clausen Rollwagen, wie er landesüblich genannt wurde, ist eine der merkwürdigsten, schillerndsten und freilich auch umstrittensten Gestalten in der Bedeichungsgeschichte der nordfriesischen Marschen. Viel genannt und viel geschmäht, wie er war, weiß man im Grunde doch nur wenig über ihn, ja, nicht einmal seine Identität ist wirklich gesichert. Verschiedentlich taucht auch der Name eines Jan Claasz Coott, Kotte, Koet, Köthen oder ähnlich auf, wobei bis heute nicht geklärt ist, ob es sich dabei um ein und dieselbe oder um zwei verschiedene Personen handelt. Auch gehen die Meinungen darüber auseinander, ob „Rolweghen" oder „Rollwagen" ein Familienname ist oder nur ein Beiname, den der Deichbaumeister in Nordfriesland bekommen habe, weil er, wie Heimreich berichtet, den Sieversflether Koog „auf eine sonderliche Art mit Schubkarren (deren man vormals in diesen Landen ungewohnt gewesen) überdeicht und gewonnen" hat. Will man G. Jacoby und A. Vlamynck folgen, so war ein Niederländer namens Jan Claasz Rolweghen, geboren 1564, seit 1602 in Tönning ansässig, von wo aus er nicht nur als geschickter Wortführer und Anwalt der Mennoniten[2] in den herzoglich-gottorfischen[3] Landen auftrat, sondern auch als Günstling des – calvinistischen

[1] Herzog von Gottorf (1575-1616)

[2] Anhänger des fries. Reformators Menno Simons (1496-1561)

[3] Schloss Gottorf/Gottorp bei Schleswig wurde 1544 Sitz der Herzöge von Schleswig-Holstein-Gottorf.

Neigungen[1] huldigenden – Herzogs, der ihn 1608 zu seinem Generaldeichgrafen ernannt hatte, im Deichbau und in der Landgewinnung tätig wurde. Dieser J. C. Rolweghen, wie er sich selbst in einem Brief vom Jahre 1611 schrieb, hat dann also 1610 den Sieversflether Koog, 1611 den Fresenkoog und den Alt-Augustenkoog, 1612 den Harbleker und den Dreilander Koog gewonnen, alle in Eiderstedt gelegen; 1616/17 deichte er auf Alt-Nordstrand; für andere Gebiete Nordfrieslands hat er Deichbau- und Entwässerungsprojekte entworfen, die jedoch nicht ausgeführt worden sind. Zwischen 1621 und 1624 ist er gestorben.

Das Urteil der Nordfriesen über Rolweghen ist zwiespältig und eher negativ, nicht nur seitens seiner Zeitgenossen, sondern nach diesen auch in der Wertung durch spätere Autoren. Nicht nur hieß es, dass seine Deiche schlecht gebaut seien, sondern man warf ihm auch unsaubere Geschäftsmethoden vor. Dabei mögen für die Zeitgenossen verschiedene Dinge den Blick für die fachliche Leistung Rolweghens getrübt haben. Schon der Umstand, dass dieser Mennonit ein Schützling des Herzogs und durch seine Bedeichungsunternehmungen aus der Natur der Sache auch ein Helfershelfer bei dessen Bestrebungen war, die eingesessenen Bewohner Nordfrieslands aus ihren alten Rechten am Besitz des Vorlandes[2] zu drängen, konnte ihnen Rolweghen in gar keiner Weise empfehlen. Dazu kamen verständliche Konkurrenzängste gegen diesen Mann, der Kapitalbesitz und technische Fähigkeiten in reichlichem Maße in seiner Person vereinte. Da mochten seine Leistungen als Deichbaumeister so schlecht oder so gut sein, wie immer sie wollten – das Urteil musste wohl negativ ausfallen. So ist es vielfach bis heute geblieben, ungerechtfertigt vielleicht, und man täte jedenfalls besser daran, ein Urteil über den Menschen Rolweghen erst dann zu fällen, wenn seine Identität eindeutig geklärt ist.

Ein Bild dieses Menschen, der doch eine unabhängig von ihrer Einschätzung so bedeutende Rolle gespielt hat, ist er-

---

1 den Lehren des Genfer Reformators Calvin (1509-1664) zugeneigt sein

2 „der Teil des Festlandes vor den Deichen“ (S.)

staunlicherweise nicht bekannt. Aber das Eiderstedter Heimatmuseum in St. Peter bewahrt ein Siegel, das Johan Volquardsen dem Generaldeichgrafen J. C. Rolweghen zugeschrieben hat. Über den verschlungenen Initialen[1] JC zeigt es einen Deichquerschnitt mit abgeflachtem Profil, der den Hauptteil des Bildes einnimmt; vor dem Deich treibt auf stürmisch bewegter See ein Schiff, hinter dem schützenden Deich aber steht ein Baum, den gerade ein Blitz trifft, der aus dicken Wolkenmassen am oberen Siegelrand niederzuckt. Für das Siegel eines Deichgrafen wahrlich ein merkwürdiges Bild, so zwiespältig und hintergründig, wie die Person gewesen sein mag, die es auf sich bezogen hat.

Mit dem Franzosen und naturalisierten Dänen Desmercieres und dem Niederländer Rolweghen ist die Suche nach einem Vorbild schon weit entfernt von dem nordfriesischen Deichgrafen, der der Schimmelreiter gewesen sein soll. Zumal die klar fassbare Person Desmercieres' ist in nichts geeignet, auf eine solche Gestalt bezogen zu werden. Dann könnte schon eher der Niederländer, dessen Bild weitgehend im Dunkel bleibt, Ansätze dazu bieten, zur Spukgestalt gemacht zu werden. Aber auch das ist nie in Betracht gezogen worden.

So bleibt nach dem Vergleich der literarischen Gestalt des Schimmelreiters Hauke Haien mit der historischen Wirklichkeit als Fazit, dass der Novellendichter Storm eine ganze Reihe durchaus heterogener[2] Elemente, aus verschiedenen Zeiten und aus unterschiedlichen sozialen Sphären, zu einer Fiktion[3] zusammengefügt hat – freilich mit Kunst zusammengefügt, mit so viel Kunst, dass der Leser gar zu leicht geneigt ist, sich täuschen zu lassen. Nichtsdestoweniger ist der Schimmelreiter eine Fiktion.

Aus: Reimer Kay Holander: Theodor Storm: Der Schimmelreiter. Kommentar und Dokumentation. (Reihe: Dichtung und Wirklichkeit) Frankfurt/M., Berlin, Wien: Ullstein Verlag, 1976, S. 83-93.

---

[1] durch Größe, Verzierung und Farbe hervorgehobener Anfangsbuchstabe (hier: der Vornamen)

[2] uneinheitlich

[3] Vorstellung, Bild

Der Autor des folgenden Beitrags gehört zu jenen Literaturwissenschaftlern, die mit einer herkömmlichen Sicht der Novelle „Der Schimmelreiter" gebrochen haben. Er sieht keinen Anlass zur Heroisierung Hauke Haiens und er hält es keineswegs für erforderlich, das Schicksal als unbegreifliche Instanz, die dem Menschen seine Grenze setzt, zu bemühen.

In den Mittelpunkt seiner Interpretation rücken stattdessen menschliche Defizite der Hauptfigur und deren Beziehung zum Zeitgeist, Züge, die allzu lange übersehen wurden (sieht man ab von Jost Hermands kritischer Studie aus dem Jahre 1965).

Der vorliegende Auszug (I,3) widmet sich der Frage nach den Örtlichkeiten im geografischen Sinne, an denen Storm das Geschehen angesiedelt hat. Damit tragen diese Ausführungen unter einem wesentlichen Aspekt des Realitätsbezuges zum Verständnis des Werkes bei.

Winfried Freund:
Realisierte Fiktion – Die Schauplätze der Novelle

Am 10. Februar 1885 schreibt Storm an die Frau seines Freundes und Beraters Christian Hinrich Eckermann, Bauinspektor und Fachmann für Deichbau und Landgewinnung in Heide:

„Zu einer neuen Arbeit, die sich in meinem Kopfe festsetzen will, möchte ich gern eine kleine, nur ganz flüchtige Skizze der Landteile von Nordstrand, Husum, Simonsberg haben, wie es eben vor der großen Flut von ann. 1634 war."[1]

Eckermann, den Storm während seiner Arbeit an der Novelle häufig aufsuchte und ohne dessen fachmännischen Rat der „Schimmmelreiter" wohl nur schwerlich zustande gekommen wäre, wird dem literarischen Autor zum Gewährsmann für technische, sachkompetente Informationen. Literatur erschöpft sich nicht in der Gestaltung von Psychogrammen[2] des empfindsamen Menschen, sondern

[1] Nach: Theodor Storm: Sylter Novelle: Der Schimmelreiter. Text, Entstehungsgeschichte. Quellen, Schauplätze, Abbildungen, hrsg. v. Karl Ernst Laage. Heide 1970 (Neuauflage 1983), S. 123.

[2] psychologische Persönlichkeitsstudie

gewinnt ihr eigentliches Profil erst in der konsequenten Hinwendung zum empirischen[1] Lebensraum, der sowohl als faktisch[2] gegeben als auch als potenziell[3] veränderbar verstanden wird.

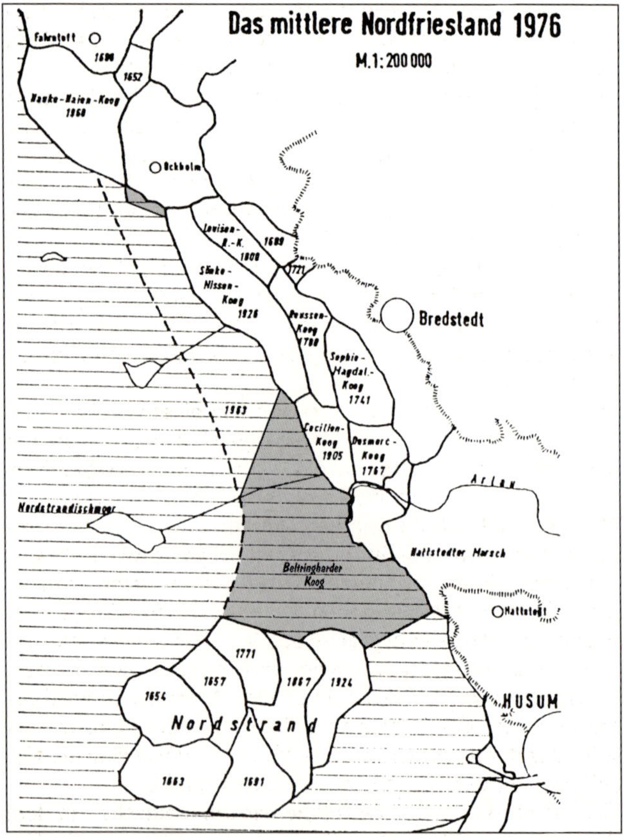

Karte von Reimer Kay Holander (1976). Seither ist die geografische Situation durch neue Maßnahmen, vor allem die Bedeichung des Beltringharder Kooges (1982-1987), wesentlich verändert (dunkle Fläche).

---

1 erfahrbar
2 tatsächlich
3 möglich

Zu dieser neuen realistischen Orientierung passt das Bemühen, die Erzählfiktion in einen authentischen[1] Raum hineinzuorganisieren. Zwar ist es zutreffend, dass Storm keine geografischen Namen nennt, aber die deutlichen Hinweise in der Novelle lassen eine annähernd genaue Lokalisierung der Schauplätze möglich erscheinen. Dabei wäre es falsch anzunehmen, dass sich in einer solch nachträglichen Rekonstruktion des geografischen Handlungsrahmens wenig mehr als regionales Interesse zeige, vielmehr offenbart sich gerade hier die sinnliche Dimension menschlichen Handelns, das Eingebettetsein des Handelnden in einen konkret identifizierbaren Raum (vgl.: Das mittlere Nordfriesland 1976).
Für den realistischen Autor ereignet sich die Veränderung nicht in einem fiktiven[2] Niemandsland, Veränderung, wenn sie überzeugend und anregend wirken soll, muss sich im authentischen Koordinatensystem von Raum und Zeit abbilden lassen.
In der Novelle reitet der Erzähler von einem Hof in einer der nördlichen Harden[3], Verwaltungsbezirke, bestehend aus mehreren Gehöften oder Dörfern, zu der einige Stunden südlich gelegenen Stadt. Ihm zur Linken liegt die Marsch, zur Rechten das Wattenmeer. Das Unwetter verhindert einen freien Blick auf die Halligen und die Inseln. Geht man diesen Angaben ernsthaft nach, so kann es kaum einen Zweifel darüber geben, dass Storm die Hattstedter Marsch als Modell vorgeschwebt hat, der Landstrich zwischen der Nordergoesharde und Husum. Auf Husum selbst verweisen Bezeichnungen wie „Damm“, so wird die Straße hinter dem Hafen noch heute genannt, und die Erwähnung der Apotheke am Markt, in der unschwer die alte „Einhorn-Apotheke“ zu erkennen sein dürfte.
Das Wirtshaus „auf halber Höhe des Binnendeichs“, in dem der Erzähler schließlich Zuflucht sucht und wo er die Geschichte vom gespenstischen Schimmelreiter erfährt, könnte die lang gestreckte, im friesischen Stil erbaute Gastwirt-

---

1 glaubwürdig, echt
2 vorgestellt, erdacht
3 Gerichts- und Verwaltungsbezirke

schaft von Sterdebüll an der Binnenseite des Seedeichs sein. Zumindest könnte dieses Gebäude Storm als Anregung gedient haben. Nur wenig nördlich von dem heutigen „Schimmelreiter-Krug“ liegt die Wehle, ein durch Deichbruch entstandenes Wasserloch. Sie ist allerdings heute nur noch undeutlich als schilfbestandene Senke zu erkennen.
Der von Storm gewählte örtliche Rahmen entspricht im Wesentlichen den lokalen Gegebenheiten in der Hattstedter Marsch. Aller Wahrscheinlichkeit nach hat die Hattstedter Kirche mit ihrem charakteristischen, aus Felsblöcken gebauten Turm Modell gestanden für die Kirche, wie sie die Novelle erwähnt. Auf dem Hattstedter Friedhof hat Storm im Frühjahr 1875 der Beerdigung seines Freundes, des Deichgrafen Johann Iwersen-Schmidt, beigewohnt. Deutlich sind die damaligen Eindrücke in die Novelle eingegangen beim Begräbnis des Deichgrafen Tede Volkerts. Selbst der blaue Grabstein, der heute noch auf dem Hattstedter Friedhof sichtbar ist, wird in die Fiktion übernommen.
Storm passt das Geschehen um Hauke Haien mitunter so exakt in die wirklichen Verhältnisse ein, dass die Grenzen zwischen Dichtung und Leben fließend zu werden scheinen. Dies gilt wohl auch für die Schilderung des Deichgrafenhofs in der Novelle, dessen Muster der nordwestlich von Hattstedt gelegene Lundenberger Hof der Deichgrafenfamilie Iwersen-Schmidt gewesen sein könnte. Storm hat sich dort häufig als Gast aufgehalten und dabei Gelegenheit gehabt, den soliden Wohlstand der Marschbauern aus nächster Nähe kennenzulernen. In Erinnerung an den Lundenberger Hof ist es wohl, wenn er die dortige Esche auch vor den Hof seines fiktiven Deichgrafen setzt. Die zum Teil verblüffenden Übereinstimmungen sollten jedoch nicht zu dem Fehlurteil führen, Storm habe lediglich einen Abklatsch realer Verhältnisse geboten. In erster Linie geht es ihm darum, die erfundene Geschichte in einen authentischen Rahmen einzufügen, um von vornherein keinen Zweifel an ihrem Realitätsbezug aufkommen zu lassen. Im Verhältnis von authentischem Rahmen und fiktivem Geschehen bildet sich die Dialektik[1] von realistischer Dich-

[1] Gegensätzlichkeit, Spannung

tung und gedichteter Realität ab. Der Leser soll über die Identifikation[1] des realen Handlungsraumes zur Reflexion[2] über das geführt werden, was sich dort nur fiktiv ereignet, dessen Erkenntnis jedoch der Realitätsorientierung wieder zugute kommen soll.

Menschliches Dasein bedarf sowohl der Verwurzelung in realen Verhältnissen als auch der Bereitschaft, sich selbst und die eigenen Lebensbedingungen immer wieder neu zu durchdenken und gemäß der gewonnenen Einsichten verändernd zu gestalten. Im besonderen Maße gilt das wohl auch für den im Mittelpunkt der Novelle stehenden Koog. Storm hat offenbar den heutigen „Hattstedter Neuen Koog" vor Augen gehabt, der etwa 5 km^2 umfasst, was der in der Novelle gemachten Maßangabe von „cirka 1 000 Demath[3]" entspricht. Auch einige andere mit dem Koogbau verbundene Angaben konnten inzwischen plausibel lokalisiert werden (siehe Übersichtskarte nach den Angaben in der Novelle). So dürfte mit der Jevershallig die alte Jakobshallig gemeint sein, die heute die Südecke des Cecilienkoogs bildet. Hier stieß das Königstief, „der gefährlich blinkende Priel[4]" in der Novelle, frontal auf den alten Deich.

So genau Storm gelegentlich aber auch empirische Daten übernimmt, so darf doch das notwendige Spannungsverhältnis von Dichtung und Wirklichkeit nicht übersehen werden. Storm ist eben mehr als nur ein in die eigene Region verliebter Heimatdichter. Die Landgewinnung durch Deichbau wird ihm zum Sinnbild aktiver menschlicher Selbstverwirklichung in der Auseinandersetzung mit seiner Umwelt. In dem Maße, wie diese Umwelt sinnlich erfahrbar ist und einen hohen Grad von Authentizität aufweist, gewinnt auch die Handlungsfiktion eine auf Realisierung hindrängende Dynamik[5]. Das Handlungsfeld ist gegeben, nun bedarf es des Handelnden, der es als Herausforderung

---

[1] Erkenntnis, Bestimmung
[2] Nachdenken
[3] Der Eiderstedter Demat betrug ca. 1/2 Hektar.
[4] „Wasserlauf in den Watten und Außendeichen" (S.)
[5] Kraft, Bewegung

an seine Gestaltungskräfte in Besitz nimmt. Die novellistische Dialektik von Empirie und Fiktion[1] zielt unmittelbar auf die Entbindung des menschlichen Handlungspotenzials[2].

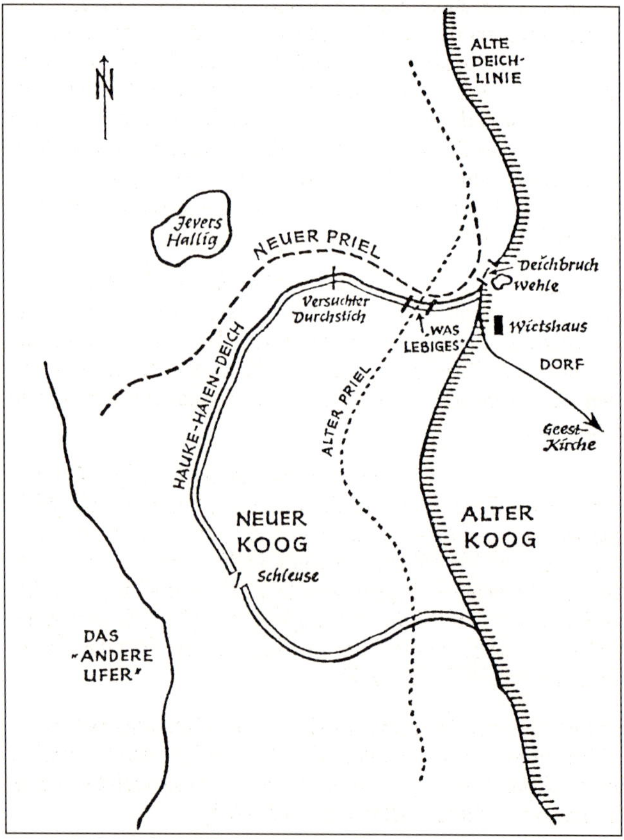

Entnommen aus: Th. Storm: Der Schimmelreiter. Hrsg. v. K. E. Laage. Heide: Westholsteinische Verlagsanstalt, 1970.

Aus: Winfried Freund: Theodor Storm, Der Schimmelreiter. Glanz und Elend des Bürgers. Modellanalysen Literatur. Band 10. Paderborn, München, Wien, Zürich: Verlag Ferdinand Schöningh, 1984, S. 14-18.

[1] Erfahrung und Vorstellung
[2] Handlungsvermögen

3. Die Quelle

Im einleitenden Abschnitt der Novelle berichtet der Autor (als dritter Erzähler) über die Umstände, unter denen ihm das, was er mitzuteilen beabsichtigt, bekannt wurde. Er ruft sich eine Szene im Hause seiner Urgroßmutter mütterlicherseits, der Frau Senator Feddersen (1741-1829), in Erinnerung: „an ihrem Lehnstuhl sitzend“ habe er sich „mit dem Lesen eines in blaue Pappe eingebundenen Zeitschriftenheftes“ beschäftigt. Er wisse nicht mehr, ob von den „Leipziger“ oder von „Pappes Hamburger Lesefrüchten“.

Wie Karl Hoppe herausfand, erschien der Stoff 1838 in der von Johann Joseph Christian Pappe in Hamburg herausgegebenen Zeitschrift „Lesefrüchte vom Felde der neuesten Literatur des In- und Auslandes“, und zwar in Form einer Erzählung mit dem Titel „Der gespenstige Reiter. Ein Reiseabenteuer“ (Band 2, S. 125-128).

Dieser Text war eine Übernahme aus dem „Danziger Dampfboot“, einer Zeitschrift „für Geist, Humor, Satire, Poesie, Welt- und Volksleben, Korrespondenz, Kunst, Literatur und Theater“, und zwar aus Nr. 45 vom 14. April 1838. Dem Stormforscher Karl Ernst Laage ist es gelungen, das vermutlich einzige erhaltene Exemplar dieser Zeitschrift aufzufinden (Der „Schimmelreiter“ im „Danziger Dampfboot“, in: Schriften der Theodor-Storm-Gesellschaft 2/1971, S. 72-75).

Karl Hoppe veröffentlichte die Quelle des „Schimmelreiters“ in „Westermanns Monatshefte“ (Nr. 5/ 1949, S. 45-47) und in seiner „Kritisch durchgesehenen Ausgabe“ ausgewählter Werke Storms in vier Bänden (Band 4, S. 424-428).

Mit Hoppes Fund war ein Rätsel gelöst; es stellt sich aber sogleich ein neues. Aus dem Erscheinungsjahr der Quelle ergibt sich nämlich, dass Storm den Stoff zu seinem „Schimmelreiter“ frühestens 1838 kennengelernt haben kann (wenn sein Hinweis zu Beginn der Novelle zutrifft). Damit erweist sich die zu Beginn des „Schimmelreiters“ dargestellte Situation als erdichtet, denn Storms Urgroßmutter starb bereits 1829.

Im Brief vom 13. Februar 1843 schrieb Storm an seinen Freund Theodor Mommsen, der übrigens 1902 als erster Deutscher den Nobelpreis für Literatur erhielt: „Der Schimmelreiter, so sehr er auch als Deichsage seinem ganzen Charakter nach hierher passt, gehört leider nicht unserm Vaterlande.“

Der Gespenstige Reiter. Ein Reiseabenteuer

Es war in den ersten Tagen des Monates April, im Jahre 1829 – so erzählte mir mein Freund –, als Geschäfte von Wichtigkeit mein persönliches Erscheinen in Marienburg[1] erforderlich machten; ich musste mich also zu einer Reise dahin entschließen, so gern ich sie auch bis zur schönern Jahreszeit aufgeschoben hätte, denn wer selten reiset, macht so eine Partie lieber bei schönem Wetter; allein die Notwendigkeit der Sache machte, dass ich meine Reise beschleunigen musste.

Ein gemietetes Reitpferd stand um vier Uhr nachmittags vor meiner Türe; ich ließ den Braunen nicht lange warten, schwang mich hinauf und nach wenigen Minuten hatte ich Danzig im Rücken.

Mein Weg längs der Chaussee ging gut und das einzige Hindernis, welches ich zu bekämpfen hatte, war das kalte, unangenehme, regnigte Wetter.

Durchfroren und durchnässt kam ich bei ziemlicher Dunkelheit in Dirschau an, stieg im erstgelegenen Gasthof ab, um ein wenig zu ruhen, meinem sich einfindenden Appetit durch einen Imbiss zu begegnen und durch einen erwärmenden Trunk meine Glieder zu erfrischen; fragte unter anderm den Wirt, wie es mit der Weichsel stände, und bekam zur Antwort: „Schlecht, Ihr Hinüberkommen wird nicht allein beschwerlich, sondern auch gefährlich sein“; doch ich durfte mich nicht abschrecken lassen, weil ich nach meinem Bestimmungsorte musste, und womöglich wollte ich dort noch an demselben Abend eintreffen; ich bezahlte dem Wirte meine Rechnung und eilte weiter;

---

[1] Stadt und Burg am rechten Ufer der Nogat, dem östlichen Mündungsfluss der Weichsel

aber angekommen an der Weichsel wurde ich von den Fährknechten zu meinem Schrecken unterrichtet, dass das heutige Hinüberkommen für keinen Preis ausführbar sei, wenn ich nicht mit Gewalt in die Arme des Todes eilen wolle; auch sah ich zum Teil die Unmöglichkeit der Sache wohl selber ein; doch wurde mir der Vorschlag gemacht, dass ich bis zur Güttländer[1] Fähre reiten solle, weil dort das Hinüberschaffen vielleicht noch zu bewerkstelligen sein würde. Ich ließ mir dieses nicht zweimal sagen, griff in die Zügel, lenkte um, und fort ging's zur Güttländer Fähre. – Dunkler und dunkler wurde es rings um mich, nur hin und wieder drang das Leuchten eines Sternes durch die Nebelwolken, fremd war mir die in schwarze Schatten gehüllte Gegend, kein menschliches Wesen erblickte ich, und nur das Brausen des Sturmes und das Geprassel des durch das Wasser immer höher gehobenen und geborstenen Eises waren meine schaurigen Begleiter. – Da plötzlich höre ich dicht hinter mir das rasche Trappeln eines Pferdes und freudig, in dem Wahne, einen Gesellschafter nahe zu haben, blicke ich mich erwartungsvoll um und sehe – nichts –, wohl aber trabt es immer schärfer und näher, mein Brauner schnaubt und stampft, kaum vermochte mein spitziger Sporn ihn vorwärtszutreiben und ein kalter Schauer überlief meinen ganzen Körper; doch beruhigte ich mich, da mein sonderbarer Begleiter verschwunden zu sein schien; als ich ihn aber plötzlich wieder, ohne ihn zu sehen, vor mir hersprengen hörte, war es, als wollten mir meine Glieder die Dienste versagen, ein Fieberfrost durchrieselte mich, und mein Pferd wurde höchst unruhig; was aber die Unheimlichkeit noch mehr vermehrte, war: dass dieses unbegreifliche Wesen mir plötzlich und pfeilschnell vorüberzusausen schien – so hörte sich das ungewöhnliche Geräusch wenigstens an, welches sich wieder allmählich verlor, um aber, wie es schien, mit erneuter Schnelligkeit zurückzukehren; es wieder hören, dicht hinter mir haben, die anscheinende Gestalt eines weißen Pferdes, mit einem schwarzen, menschenähnlichen Gebilde darauf sitzend, mir im fliegenden Galopp vorbeireiten zu sehen, war eins;

[1] Güttland: Ort an der Weichsel nördlich von Dirschau

mein Brauner machte einen Seitensprung und es fehlte nicht viel, so wären wir beide den Damm, ohne es zu wollen, hinabgestürzt.

Ich habe die letzten Feldzüge mitgemacht, feindliche Kugeln töteten neben mir meine besten Kameraden, vom Kanonendonner bebte die Erde, doch mich machte nichts erbeben; aber hier auf dem Weichseldamme, ich gestehe es zu meiner Schande, zitterte ich an allen Gliedern. –

Da hörte ich in der Ferne das Bellen eines Hundes und wurde das Blinken eines Lichtes gewahr. Ha!, dachte ich, da werden sich auch Menschen befinden, wie du einer bist; schnell ritt ich dem Lichtscheine entgegen und kam an eine sogenannte Wachtbude; ich stieg ab und fragte die darin versammelte Menge, ob ich bei ihnen die Nacht über verweilen könnte – denn für heute war ich des Reisens satt –, und meine Frage wurde mit Ja beantwortet.

Froh, ein schützendes Obdach gefunden zu haben, brachte ich zuerst mein Pferd in Sicherheit, setzte mich dann ruhig in eine Ecke, pflegte mich, so gut es sich tun ließ, und hörte die Gespräche der Landleute, die hier auf Eiswache waren, mit an; ließ aber wohlbedächtig, um mich nicht Neckereien preiszugeben, nichts von meinem überstandenen Abenteuer merken.

Da war's, als rauschte irgendetwas dem Fenster vorbei. Mit einem Schreckensausruf sprangen mehrere Männer auf und einer von ihnen sagte: „Es muss irgendwo große Gefahr sein, denn der Reiter auf dem Schimmel lässt sich sehen", und der größte Teil eilte hinaus.

Der Reiter nun befremdete mich nicht, wohl aber die gemachte Bemerkung, weshalb ich den neben mir sitzenden alten Mann ersuchte, mir hierüber eine genügende Erklärung zu geben, worauf ich folgende Auskunft erhielt:

„Vor vielen Jahren, da sich auch unsere Vorfahren hier einst versammelt hatten, um auf den Gefahr drohenden Eisgang genau achtzuhaben, bekleidete ein entschlossener, einsichtsvoller und allgemein beliebter Mann aus ihrer Mitte das Amt des Deichgeschworenen. An einem jener verhängnisvollen Tage entstand eine Stopfung des Eises, mit jeder Minute stieg das Wasser und die Gefahr; der erwähnte Deichgeschworene, der einen prächtigen Schimmel ritt, sprengte auf und nieder, überzeugte sich überall selbst von der Gefahr und gab zu deren Abwehr die richtigsten und angemessensten Befehle; dennoch unterlagen die Kräfte der schwachen Menschen der schrecklichen Gewalt der Natur, das Wasser fand durch den Damm einen Durchweg und schrecklich war die Verheerung, die es anrichtete. Mit niedergeschlagenem Mute kam der Deichgeschworene in gestrecktem Galopp beim Deichbruche an, durch den sich das Wasser mit furchtbarer Gewalt und brausendem Getöse auf die so ergiebigen Fluren ergoss; laut klagte er sich an, auf diese Seite nicht genug achtgegeben zu haben, sah darauf still und unbewegt dieses Schrecken der Natur einige Augenblicke an; dann schien ihn die Verzweiflung in vollem Maße zu ergreifen, er drückt seinem Schimmel die Sporen in die Seiten, ein Sprung – und Ross und Reiter verschwinden in dem Abgrund. – Noch scheinen beide nicht Ruhe gefunden zu haben, denn sobald Gefahr vorhanden ist, lassen sie sich noch immer sehen." –

Ich setzte am andern Morgen meine Reise weiter fort, sah den Reiter nicht wieder, wohl aber die schreckliche Verheerung, die das Wasser im oben genannten Jahre angerichtet hatte.

Hiermit schloss mein Freund, beteuerte die Wahrheit der Sache und schien durch mein Kopfschütteln verdrießlich werden zu wollen.

Aus: Theodor Storm: Ausgewählte Werke. Kritisch durchgesehene Ausgabe in vier Bänden, mit Anmerkungen und biografischem Nachwort, besorgt von Prof. Dr. Karl Hoppe. Braunschweig: Georg Westermann Verlag, 1949, S. 424-428.

4. Zur Entstehung der Novelle

Im folgenden Auszug legt Winfried Freund Storms Prozess der Abfassung des „Schimmelreiters" dar (I,8). Dabei wird zum einen deutlich, dass der Dichter intensive Studien betrieben hat, um über den „Stoff" verfügen zu können; zum anderen wird ersichtlich, unter welchen persönlichen Umständen sein letztes vollendetes Werk zustande kam und wann es veröffentlicht wurde.

Winfried Freund: Der Schreibprozess 1885 bis 1888

Ausgesprochen langwierig und schleppend gestaltet sich der Schreibprozess, in dessen Verlauf „Der Schimmelreiter" entsteht. Bereits am 3. Februar 1885 schreibt Storm an den Literaturhistoriker Erich Schmidt: „Jetzt aber rührt sich ein alter mächtiger Deichsagenstoff in mir und da werde ich die Augen offenhalten; aber es gilt vorher noch viele Studien.[1]

Aufschlussreich für Storms Arbeiten ist der Hinweis auf die notwendigen Quellenstudien, durch die die Fiktion erst auf ein reales Fundament gestellt werden kann.

Doch bleibt es zunächst bei dem Vorhaben. Erst am 4. Dezember des gleichen Jahres, nachdem er die Novelle „Ein Fest auf Haderslevhuus" abgeschlossen hat, kommt er in einem Brief an Paul Heyse auf seine einmal gefasste Absicht zurück: „Dann habe ich große Lust, eine Deichnovelle zu schreiben, ‚Der Schimmelreiter', wenn ich es nur noch werde bewältigen können."[2] Untätig scheint Storm in Bezug auf die Verwirklichung seines Plans nicht gewesen zu sein. In einem Brief vom 20. Februar weist er auf die weitläufigen Vorstudien hin und schon am 10. Februar bittet er Frau Eckermann […] um eine Skizze der Landteile von Nordstrand, Husum und Simonsberg.

Unmittelbar nach dem Brief an Heyse teilt er seinem Berliner Verleger Paetel mit:

---

1 Zit. nach Laage. A. a. O., S. 123

2 Der Briefwechsel zwischen Paul Heyse und Theodor Storm. Bd. 2. Herausgegeben v. G. J. Plotke. München 1918, S. 153 f.

„Nach Neujahr hoffe ich, mit der Deich- und Sturmflut-Novelle ‚Der Schimmelreiter' zu beginnen, die wohl im Sommer ihre Vollendung finden könnte und die ich Ihnen dann senden werde."[1]
Aber Storm schiebt auch 1886 die angekündigte Arbeit weiter hinaus. Anspielend auf seine Niederschrift vom „Bötjer Basch", lässt er wiederum Heyse wissen: „Vor der Deichnovelle habe ich einige Furcht und wollte erst diese leichtere Arbeit mal dazwischenschieben."[2] Gegenüber Erich Schmidt spricht er am 30. März von dem Mangel an Material, lässt jedoch durchblicken, dass ihn der Stoff intensiv bewege und er gern mit der Ausarbeitung beginnen würde.[3]
Es gibt wohl kaum eine andere Novelle im Gesamtwerk Storms, die in ihrer Entstehung so sehr durch das Quellenmaterial bedingt ist. Ein Gelingen scheint geradezu von der Einpassung der Fiktion in den realen Rahmen abzuhängen. An den für Storms Arbeitsweise ungewöhnlichen Verzögerungen lässt sich ablesen, wie differenziert und verantwortungsbewusst er sich den empirischen und gesellschaftlichen Lebensbedingungen am Ende seines Schaffens zuwendet, wie viel es ihm bedeutet, Fiktion und Geschichte zu verknüpfen. Am 8. Juli 1886 kann er Erich Schmidt dann endlich mitteilen, dass die Arbeit am „Schimmelreiter" begonnen sei. Erneut taucht der Hinweis auf die Vielfalt der notwendigen Vorstudien auf. Eine erneute Verzögerung tritt ein, da Storm sich zunächst daranmacht, ein Versprechen einzulösen. Emil Franzos, dem Herausgeber der neuen Zeitschrift „Deutsche Dichtung", hatte er einen Beitrag zugesagt. So entsteht zwischen Juli und September die Novelle „Ein Doppelgänger", Storm nennt sie selbst eine „Gewaltarbeit".
Aber die geistige Beschäftigung mit dem größeren Projekt reißt nicht mehr ab. Zu dem Problem zeit- und arbeitsauf-

---

1 Wilhelm-Ernst Tornette (Hg.): Neue Storm-Briefe. In: Die Bücherschale 3 (1927), S. 17

2 Briefwechsel Heyse/Storm. A. a. O., S. 158 f.

3 Theodor Storm: Briefe Bd. 2. Hrsg. v. P. Goldammer. Berlin u. Weimar 1972, S. 353 f.

wendiger Studien tritt nun ein tiefgreifendes künstlerisches Problem: „Aber es ist ein heikel Stück, nicht nur in puncto Deich- und anderer Studien dazu", schreibt Storm Juli/August an seinen Verleger, „sondern auch, weil es seine Mucken hat, einen Deichspuk in eine würdige Novelle zu verwandeln, die mit den Beinen auf der Erde steht."[1] Ganz ähnlich äußert er sich in einem Brief vom 29. August an Heyse. Hier ist zweifellos ein zentrales Anliegen angesprochen, das, so will es scheinen, in den bisherigen Untersuchungen zum „Schimmelreiter" noch keine hinreichende Berücksichtigung gefunden hat. Die Deutung der Novelle dürfte jedoch wesentlich von der Einschätzung des Fantastischen und der Bestimmung seines Verhältnisses zu dem real Gegebenen abhängen.

Aus Storms Vorhaben, sich nach der Beendigung der Arbeit für Franzos wieder an den „Schimmelreiter" zu setzen, wird nichts, da ihn eine schwere Rippenfell- und Nierenentzündung bis Februar 1887 ans Bett fesselt und kein Schreiben zulässt[2]. Ein schwerer persönlicher Schlag bedeutet für ihn der Tod seines Sorgenkindes Hans am 5. Dezember 1886. Kurz nach seiner Genesung schreibt er zunächst die Novelle „Ein Bekenntnis", die Ende Mai abgeschlossen werden kann. Parallel dazu verläuft die erneut aufgenommene Arbeit am „Schimmelreiter".

Storms Arbeitskraft droht jedoch endgültig zum Erliegen zu kommen, als ihn sein Hausarzt, den er um schonungslose Aufklärung über die anhaltenden Beschwerden gebeten hatte, mit der Diagnose Magenkrebs konfrontiert. Nach anfänglich gelassener Hinnahme leidet Storms Gemütszustand unter diesem Todesurteil jedoch derart, dass sich die Familie entschließt, ihn über die Gewissheit seines nahen Endes durch eine zweite Diagnose hinwegzutäuschen. Seinem Bruder Dr. Aemil Storm und dessen Schwiegersohn Professor Glaevecke aus Kiel gelingt es, Storm zu beschwichtigen, indem sie die Geschwulst mit einer Ausdehnung der Aorta erklären. Nach dieser Scheinuntersuchung

---

[1] Storm: Sämtliche Werke. Bd. 4. A. a. O., S. 659

[2] Über die Biografie gibt knapp und verlässlich Auskunft: Karl Ernst Laage: Theodor Storm. Leben und Werk. 2. Aufl. Husum 1980.

kehren Lebensmut und Arbeitskraft zurück. Storm traut sich sogar eine Reise nach dem holsteinischen Grube zu, wo sein Tochter Lisbeth mit dem dortigen Pastor Haase verheiratet ist. Den „Schimmelreiter“ nimmt er mit und nach seinen eigenen Aussagen kommt er mit der Arbeit gut voran. Ausgezeichnet bekommt ihm auch ein Erholungsurlaub auf Sylt, wo er einige Tage im August verbringt. Selbst die anstrengenden Feierlichkeiten zu seinem 70. Geburtstag am 14. September können ihn nicht von der stetigen Arbeit an seiner Novelle abhalten.

Am 20. Oktober schreibt er an Heyse:
„Mein viel genannter ‚Schimmelreiter‘ ist bis Seite 92 der Reinschrift gediehen, und Sonntag will ich nach Heide, um mich mit meinem deichsachverständigen Freunde Bau-Inspektor Eckermann ein Nötiges weiter zu besprechen. Aus einem Jungen ist Hauke Haien nun auf diesen 92 Seiten zum Deichgrafen geworden; nun bedarf es der Kunst, ihn aus einem Deichgrafen zu einem Nachtgespenst zu machen.“[1]
Nebeneinander stehen die beiden Hauptprobleme während des gesamten Schreibprozesses. Bis zum Schluss geht es um die angemessene realistische Einbettung und um die glaubhafte Darstellung der Dialektik von Wirklichem und Übersinnlichem.
Zwar beklagt sich Storm immer wieder, dass ihn fürchterlicher Magendruck bei Tag und Nacht quäle und ihm nur am Vormittag ein paar Stunden zum Schreiben blieben, trotzdem kann er seiner Tochter Lisbeth am 1. November mitteilen, dass die Reinschrift bereits auf 126 Seiten Oktavpapier angewachsen sei.[2] „Und so bin ich denn ungeachtet der gegenwärtigen Magenquälerei durchaus lebensfroh“, schreibt er an seine Tochter Dodo am 2. November, „und schreib getrost an meinem ‚Schimmelreiter‘.“[3]
Aber die gelassene, heitere Stimmung weicht angesichts der anhaltenden und zunehmenden Beschwerden bald schon wieder der Sorge, ob er die weit fortgeschrittene

---

1 Briefwechsel Heyse/Storm. A. a. O., S. 197
2 Storm: Briefe an seine Kinder. A. a. O., S. 237 f.
3 Storm: Briefe an seine Kinder. Ebd., S. 298

Arbeit auch zu einem der eigenen Vorstellung angemessenen Ende führen kann. Die Vollendung des „Schimmelreiters" wird zu einem Wettlauf mit der tödlichen Krankheit, über die sich Storm im Grunde wohl doch klar gewesen ist. Verräterisch ist die Stelle, wo der sterbende Vater Hauke über den Hinzugewinn von Land unterrichtet, das er auf Rentenbasis von Antje Wohlers erworben hat: „Nun liegt auch sie am Tode: die Krankheit unserer Marschen, der Krebs, hat sie befallen, du wirst nicht mehr zu zahlen brauchen!"[1] Diese Stelle enthält einen deutlichen Hinweis auf Storms persönliche Situation, zumal ein Zusammenhang zwischen Marschlandschaft und Krebsleiden nie bestanden hat.

Aber den Abschluss der Novelle greifbar vor Augen, arbeitet Storm konzentriert weiter, ja, es will so scheinen, als ob ihm durch das Schreiben neue Lebenskraft zufließe. Nachdem er sich Mitte Dezember noch einmal mit Eckermann in Heide beraten und seinem Verleger gegenüber scherzhaft darauf hingewiesen hat, dass er nächstens wohl auch imstande sei, einen Koog einzudeichen, beginnt die Schlussphase des Schreibprozesses. Längst weiß er, dass seine letzte abgeschlossene Dichtung gleichzeitig sein bedeutendstes Werk ist, gleichsam der krönende Abschluss eines Dichterlebens. So schreibt er am 18. Dezember an Heyse: „Im Januar werde ich wohl mit dem ‚Schimmelreiter' fertig, dem Größten, was ich bisher schrieb." [2] Am 9. Februar 1888 ist es dann so weit. Storm notiert in sein Tagebuch: „Heute Vormittag 11 Uhr den ‚Schimmelreiter' beendet." [3] Die Reinschrift, die er seinem Verleger Paetel schickt, umfasst 232 Oktavseiten, denen er am 22. Februar noch einen Nachtrag folgen lässt. Am Abend des 9. Februar liest Storm die Novelle im Familien- und Freundeskreis in seinem Haus in Hademarschen vor. Doch ist es noch nicht die endgültige Fassung. Der Herausgeber Köster teilt eine Stelle aus einem heute nicht mehr nachweisbaren Brief Storms vom 3. März 1888 an Paetel mit, wo es heißt: „Ei-

1 Storm: Der Schimmelreiter, S. 49
2 Briefwechsel Heyse/Storm. A. a. O., S. 200
3 Zit. nach Laage, S. 127

ne letzte kleine Szene wurde gestrichen, weil sie zu sehr aus der Stimmung fiel.“ [1]
Es handelt sich dabei um einen längeren Abschnitt des abschließenden Rahmenteils, auf dessen Bedeutung während der Analyse des Rahmens selbst eingegangen werden soll.
Am 10. März beendet Storm die letzten Korrekturen der im Druck 77 Seiten umfassenden Novelle. Bereits in den Monaten April/Mai 1888 im Band 55 in Paetels „Deutscher Rundschau“ auf den Seiten 1-34 und 161-203 erscheint der „Schimmelreiter“ zum ersten Mal. Als die Buchausgabe mit der Widmung an seinen Sohn Ernst und den Erläuterungen für binnenländische Leser im Herbst 1888 im Verlag der Gebrüder Paetel in Berlin herauskommt, ist Storm schon einige Monate tot. Er starb am 4. Juli 1888 in seinem Hademarschener Haus.

Aus: Winfried Freund: Theodor Storm, Der Schimmelreiter. Glanz und Elend des Bürgers. Modellanalysen Literatur. Band 10. Paderborn, München, Wien, Zürich: Verlag Ferdinand Schöningh, 1984, S. 32-36.

[1] Zit. nach: Karl Ernst Laage: Der ursprüngliche Schluss der Storm'schen Schimmelreiter-Novelle. In: Euphorion 73 (1979), S. 451.

5. Zum Novellenbegriff

In seiner 1881 für die Bände 11 bis 14 seiner Schriften vorgesehenen, dann aber zurückgezogenen Vorrede hat Storm seinen Beitrag zur Novellentheorie vorgelegt. Der Anlass zu dieser Äußerung ergab sich für ihn in einer Rezension der Novelle „Eine Frage" von Georg Ebers (1837-1898), die in den Itzehoer Nachrichten vom 12. April 1881 erschien. Darin wurde die Novelle gegenüber dem Roman abgewertet. Storms „zurückgezogene Vorrede" entstand aus der Position eines Autors, der die von ihm bevorzugte Gattung verteidigt.

Theodor Storm: Eine zurückgezogene Vorrede aus dem Jahre 1881

Nach einer Zeitungsnotiz hat neuerdings einer unserer gelesensten Romanschriftsteller bei Gelegenheit einer kürzeren, von ihm als „Novelle" bezeichneten Prosadichtung die Novelle als ein Ding bezeichnet, welches ein Verfasser dreibändiger Romane sich wohl einmal am Feierabend und gleichsam zur Erholung erlauben könne, an das man aber ernstere Ansprüche eigentlich nicht stellen dürfe.

Ob die so eingeleitete Arbeit einer solchen Herabsetzung ihrer Gattung bedurfte, vermag ich nicht zu sagen. Indessen sei es mir gestattet, wie vordem bei Gelegenheit meines „Hausbuches aus deutschen Dichtern" zur Lyrik, so hier zur Novellistik als der Dichtungsart, welche die spätere Hälfte meines Lebens begleitet hat, auch meinerseits ein Wort zu sagen.

Die Novelle, wie sie sich in neuerer Zeit, besonders in den letzten Jahrzehnten, ausgebildet hat und jetzt in einzelnen Dichtungen in mehr oder minder vollendeter Durchführung vorliegt, eignet sich zur Aufnahme auch des bedeutendsten Inhalts und es wird nur auf den Dichter ankommen, auch in dieser Form das Höchste der Poesie zu leisten. Sie ist nicht mehr, wie einst, „die kurz gehaltene Darstellung einer durch ihre Ungewöhnlichkeit fesselnden und einen überraschenden Wendepunkt darbietenden Begebenheit"; die heutige Novelle ist die Schwester des Dramas und die strengste Form der Prosadichtung. Gleich dem Drama behandelt sie die tiefsten Probleme des Menschenlebens; gleich diesem verlangt sie zu ihrer Vollendung einen im Mittelpunkte stehenden Konflikt, von welchem aus das Ganze sich organisiert, und demzufolge die geschlossenste Form und die Ausscheidung alles Unwesentlichen; sie duldet nicht nur, sie stellt auch die höchsten Forderungen der Kunst. Dass die epische Prosadichtung sich in dieser Weise gegipfelt und gleichsam die Aufgabe des Dramas übernommen hat, ist nicht eben schwer erklärlich. Der Bruchteil der Nation, welchem die Darstellung der Bühne zugute kommt, wird mit jedem Tage kleiner, hinter dem wachsenden Bedürfnis bleibt die Befriedigung immer mehr zurück; dazu kommt, dass gerade die poetisch wertvollen neueren Dramen nur selten die Bühne erreichen oder nach dem ersten Versuche wieder davon verschwinden, sei es wegen der Unzulänglichkeit unserer deutschen Schauspieler oder weil, vielleicht im Zusammenhange mit dem erstererwähnten Umstande, den Dichtern ein gewisses praktisches Verständnis für die Darstellbarkeit abging. So haben sich denn andere Leute der Bühne bemächtigt und man begnügt sich dort lieber mit Sachen, welche den besten der Iffland-Kotzebue-Periode[1] nicht einmal das Wasser reichen; aber was solcherweise der dramatischen Schwester entzogen wurde, ist der epischen zugute gekommen.

Im Übrigen geht es mit der Novellistik wie mit der Lyrik: Alle meinen, es zu können, und nur bei wenigen ist das Gelingen, und auch dort nur in glücklicher Stunde.

-- Wenn ich mit Vorstehendem diese neuen Bände der Gesamtausgabe meiner Schriften einleite, so habe ich damit nur die Ziele bezeichnen wollen, welche in der Novellistik zu erreichen sind; inwiefern von mir selber in dieser Richtung hie und da etwas erreicht worden, will ich denen, die nach uns kommen, zur Entscheidung überlassen; denn so viel ist gewiss, der einzige Probierstein[2] des poetischen Werkes ist die Dauer.

Hademarschen, im Juni 1881 Th. Storm

Aus: Theodor Storms Sämtliche Werke in acht Bänden. Hrsg. von Albert Köster. Achter Band. Leipzig: Insel Verlag, 1920, S. 122-123.

---

1 August Wilhelm Iffland (1759-1814) und August von Kotzebue (1761-1819) waren zu ihrer Zeit erfolgreiche Dramatiker.

2 Stein, mit dem früher Legierungen auf ihre Echtheit überprüft wurden; Möglichkeit, etwas zu überprüfen

Lexikonauszug

Novelle. Das lateinische Wort novella bedeutet „Neuerung in einem Gesetz". Daraus leitet sich italienisch „novella" ab, das eine Erzählung als Neuheit bezeichnet. In der Tat wird in einer Novelle eine, nach Goethe, „sich ereignete, unerhörte Begebenheit" dargestellt. Meist geht es darum, wie das Schicksal eines Menschen in einer schwierigen Lage, in einer inneren oder äußeren Krise eine Änderung erfährt und plötzlich eine neue Wende nimmt.
Oft bezieht sich dabei die Handlung auf einen Gegenstand, an dem sich der Einfluss des Schicksals besonders deutlich zeigt und spiegelt. Diesen Gegenstand nennt man auch den „Falken" einer Novelle, weil in einer Novelle des Boccaccio die Liebesgeschichte eines Mannes durch einen Falken eine glückliche Wendung nimmt. [...]
Die Form der Novelle soll knapp und straff sein und auf den Höhepunkt der Erzählung, den Wendepunkt, hinzielen. Insofern ist sie mit der Anekdote verwandt, hat aber auch Ähnlichkeit mit dem Drama, das ja ebenfalls straff zum Höhepunkt der Handlung hinstrebt und kurz ausklingt. Es ist deshalb kein Zufall, dass William Shakespeare (England) manchmal Novellen als Grundlage für seine Dramen verwendet hat. Novellen sind seit der Antike bekannt, aber erst mit der Renaissance wurden sie zu einem festen literarischen Begriff. Den ersten Höhepunkt erlebte die Novelle in der Sammlung von Erzählungen, die der italienische Dichter Giovanni Boccaccio zwischen 1348 und 1353 unter dem Titel *Decamerone* herausgab (Italien). Hier erzählt sich eine Gruppe von Menschen, die vor der Pest aus Florenz geflohen ist, an zehn Tagen reihum interessante Geschichten, um sich die Zeit zu vertreiben. Die Unterhaltungen der Leute bilden dabei den „Rahmen", in den die Novellen eingebettet sind.
In der Romantik wurden die Novellen Boccaccios wegen ihrer Behandlung des „Unerhörten" und ihrer stofflichen Vielseitigkeit wiederentdeckt. Als Erster nahm Goethe in den *Unterhaltungen deutscher Ausgewanderten* (1795) das Thema (Flucht) und den Aufbau (Geschichten in einer Rahmenhandlung) des Decamerone auf. Zwar gebrauchte

er darin den Begriff „Novelle" noch nicht, schuf aber doch typische Novellen „sittlich-beispielhafter" Art. Später schrieb er (1827) ein Musterstück dieser Gattung in seiner *Novelle*, in der die Zähmung eines wilden Tieres durch „frommen Sinn und Melodie" geschildert wird.

Schicksals- und Entscheidungsnovellen schrieb Heinrich von Kleist, so in der *Verlobung von San Domingo* und im *Michael Kohlhaas*. Bekannt sind auch die oft das Wunderbare und Unheimliche streifenden Novellen von E. T. A. Hoffmann, z. B. *Das Fräulein von Scuderi, Das Majorat, Die Bergwerke von Falun* oder die zu einer der Vorlagen zu Richard Wagners *Meistersinger* gewordene Novelle *Meister Martin der Küfer.*

Weitere wichtige Novellendichter sind: Jeremias Gotthelf *(Die schwarze Spinne)*, Eduard Mörike (*Mozart auf der Reise nach Prag*), C. F. Meyer (*Der Heilige, Plautus im Nonnenkloster, Der Schuss von der Kanzel*). Ebenso bedeutend als Novellendichter ist Gottfried Keller, von dem so bekannte Novellen wie *Romeo und Julia auf dem Dorfe* oder *Das Fähnlein der sieben Aufrechten* oder *Kleider machen Leute* stammen.

In unserem Jahrhundert tritt die Novelle etwas zurück, doch finden sich auch hier hervorragende Beispiele wie der *Tod in Venedig* und *Mario und der Zauberer* von Thomas Mann oder *Bahnwärter Thiel* von Gerhart Hauptmann. Auch Werner Bergengruen, Stefan Andres und Gertrud von Le Fort sind als bedeutende Novellendichter hervorgetreten.

Aus: dtv junior Literatur-Lexikon. Herausgegeben von Heinrich Pleticha. Berlin, München: Cornelsen Verlag und Deutscher Taschenbuch Verlag, 1996, S. 63–64.

6. Eine Charakterisierung verfassen – Tipps und Techniken

Die Charakterisierung einer literarischen Figur ist das Ergebnis einer genauen Beschreibung und Deutung der Textvorlage.
Dabei können folgende Teilgesichtspunkte berücksichtigt werden:

- Welche Bedeutung hat die Figur für das Geschehen (Hauptfigur, Nebenfigur ...)?
- Erfährt der Leser etwas über die äußere Erscheinung, über Alter, Beruf und soziale Stellung?
- Welche Gewohnheiten, Einstellungen und Verhaltensweisen der Person, die „charakteristisch" (bezeichnend und wesensgemäß) sind, werden im Text deutlich?
- Wie wird die Person von anderen eingeschätzt?
- Welche Beziehung besteht zwischen der zu charakterisierenden Person und anderen Handlungsträgern des Textes? Nimmt die Person in besonderer Weise Einfluss auf die Lebensgestaltung anderer Personen oder ist sie dem Einfluss durch andere in besonderer Weise ausgesetzt?
- Welche Veränderungen, Entwicklungen im Äußeren und in Wesenszügen der Person werden im Text verdeutlicht? Diese Frage ist besonders bei längeren Texten, die einen größeren Zeitraum umspannen, von Bedeutung.

Aussagen zur Charakterisierung einer literarischen Figur stellen vielfach Deutungen dar, die durch den Text belegt werden müssen. Das gilt auch für die Kennzeichnung von äußeren Merkmalen, die auf größere Zusammenhänge verweisen. Wichtig ist es also, mit Zitaten zu arbeiten und sprachliche Besonderheiten zu benennen. Dazu gehören auch besondere Sprechweisen, Gesten usw., die von der Autorin oder dem Autor hervorgehoben werden. Wichtig ist, dass bei der Darstellung nicht so sehr der Inhalt der Textvorlage im Mittelpunkt steht, sondern die tatsächliche Charakterisierung der Figur.

Folgende Arbeitsschritte bieten sich für die Erstellung einer Charakterisierung an:

- Entsprechende Stellen sollten zunächst im Text markiert und am Rand mit Stichworten versehen werden.
- Anschließend sollte eine Sichtung des Materials erfolgen, indem zum Beispiel die Fragen oben stichwortartig beantwortet werden.
- Im nächsten Schritt wird nun der Aufbau der Charakterisierung festgelegt und die Schlüssigkeit des Aufbaus überprüft. Auch hier können die Fragen oben hilfreich sein.
- Nun erfolgt das Verfassen der Charakterisierung. Der aufgeschriebene Text sollte auch äußerlich durch Absätze gegliedert und somit leserfreundlich gestaltet sein.